스님의 공부법

미치도록 공부가 하고 싶어지는
스님의 공부법

자현 글 · 소복이 그림

불광출판사

프롤로그

머리 좋은 사람의 공부법은
이제 그만!

눈치 보던 시대에서 개인화 시대로

동아시아의 근세는 농업을 기반으로 하는 유교 중심의 대가족 사회였다. 이러한 집단주의는 개인이 없는 사회를 만들게 된다. 현재까지도 우리가 가장 흔히 사용하는 말 중 하나는 집단을 나타내는 '우리'라는 표현이다. 우리나라·우리집·우리문화 등등. 심지어는 마누라조차도 우리마누라이다. 또 은행도 우리은행이 있어서, 진짜 우리 것인 줄 알고 과거 IMF 때 막대한 공적자금을 쏟아 부었다. 그러나 회생하자 결국 저희들끼리의 은행에 불과했다.

우리라는 집단주의 문화의 잔재는 사회 모든 곳에서 발견된다. 길 가는 사람들조차 모두 원래는 3촌 관계를 나타내는 아저씨와 아주머니로 불린다. 또 식당이나 미용실에서는 이모가 서빙을 하며 머리를 손질해준다. 물론 이모이기는 한데, 요금을 받는다는 점에서 진짜 이모와는 다르다.

이와 같은 집단주의 구조는 호칭에서도 확인된다. 그래서 우리 사회는 개인의 이름 없이 집단 안에서의 관계와 지위로만 불릴 뿐이다. 집 안에서는 아버지·어머니·형·누니, 간혹 복수일 경우는 큰형·작은형이 된다.

직장에서는 지위를 부르는데, 사장님·부장님·과장님 등이다. 또 복수일 경우에는 성을 붙여서 박 대리·이 대리 등으로 구분한다. 즉 우리 사회는 철저하게 '나'라는 개인이 없는 집단 중심의 관계로 이루어진 것이다.

이러한 집단을 우선하는 문화는 식당에서 '아무거나'나 '같은 거'를 찾는 사람이 가장 많은 사회를 만들게 된다. 즉 튀면 안 되고, 튀면 죽는다는 무채색의 묻어가는 문화를 만들어낸 것이다.

그러나 1990년대 들어오면서, '현대는 자기PR의 시대'라는 말이 유행하게 된다. 이는 서구의 영향 속에서 농촌을 기반으로 하는 대가족 제도가 붕괴하고, 도시화에 따른 핵가족이 일반화되고 개인이 강조되면서 나온 말이다. 그러다 2000년대가 되면서, 이제는 스펙의 시대가 되었다. 철저한 개인화의 시대가 열린 것이다.

이제 친구들끼리 식당에 가면, 모두 각자의 취향에 따른 음식을 시키고 100원 단위까지 나눠서 처리한다. 이러한 풍경은 처음에는 다소 낯설었지만 이제는 일상이 되었다. 이것은 우리 사회의 변화 즉 집단에서 개인으로의 이행을 잘 나타내준다. 이제 어른이나 집단의 눈치를 보며 주저하던 시대는 갔다. 그 대신 자신의 주관을 소신껏 그리고 논리적으로 표현하는 시대가 온 것이다. 현대는 자기소개서를 잘 쓰고 면접에서는 딱 부러지게 소신발언할 것을 요구받고 있다. 이제는 개인이 그 자체로 상품이 되는 개인화시대, 즉 무한경쟁의 시대가 펼쳐진 것이다.

자기계발서의 범람, 어떻게 선택할 것인가?

개인화된 스펙의 시대와 함께 자기계발서가 유행처럼 번지고 있다. 또 여기에는 당연히 공부법에 대한 책도 존재한다. 우리가 공부법을 필요로 하는 것은 '효율적인 공부를 통해서 어떻게 목적에 도달할 것인가'에 핵심이 있다. 그러므로 이 문제는 결국 '어떤 책을 선택할 것인가'로 귀결된다.

그러나 공부법 책의 특징상, 저자는 원래부터 머리가 좋은 공부의 귀재들인 경우가 일반적이다. 이렇게 되면 책을 읽어도 저자에 대한 부러움만 남을 뿐 변화되는 것은 없다. 즉 돈을 주고 남의 잘난 척까지 읽어줘야 하는 상황이 발생하는 것이다.

마라톤선수는 근성이나 노력으로 가능할 수도 있다. 그러나 단거리인 100미터 경기는 노력보다도 타고난 신체조건이 더 크게 좌우한다. 즉 우리는 황영조나 이봉주가 될 수는 있어도, 우사인 볼트가 될 수는 없다는 말이다. 그럼에도 우사인 볼트의 운동법을 배우려고 한다는 것은 당연히 시간낭비일 수밖에 없다.

평범한 사람들의 반란

공부법이라고 하면서 자신의 성공담을 쓰는 건 치사한 반칙이다. 또 누구나 할 수 있는 것이 아니라면, 그것은 공부법도 아니다. 즉 공부법을 가장한 사기인 것이다.

머리 좋은 사람의 공부법은 이제 그만 됐다. 진정한 공부법이란, 복잡한 다도가 아닌 자판기 커피와 같아야 한다. 누구나 동전 몇 개면 즐길 수 있는 간단한 보편성을 확보하고 있어야만 한다는 말이다. 자판기 커피를 즐기기 위해서는 이렇다 할 시간투자나 장소가 필요 없다. 그저 간단히 즐기고 빈 종이컵을 구겨 버리면 되는 것이다. 이렇게 할 수 있어야 진정한 공부법이라고 이를 만하다.

처음 공부법 책을 만들어보자는 말을 들었을 때, 왜 하필 나냐고 반

문했다. 왜냐하면 나는 천재형의 비범한 사람도 아니고, 또 평생 공부한다는 생각으로 산 적도 거의 없는 사람이기 때문이다. 그랬더니 돌아온 대답이 "바로 그래서"라는 것이었다. 즉 머리 좋은 사람의 공부법은 필요가 없다나! 이게 칭찬인지 욕인지 모르겠지만, 이 말을 들으면서 해야겠다는 목적은 분명해졌다.

나는 평범한 머리로 이를 극복하는 가장 효율적인 방법을 만들어서, 머리 좋은 사람들을 뛰어넘었다. 이제 그 방법을 공유하고 싶다. 고려인이 흙으로 빚은 도자기로 황금의 위엄을 넘어선 것처럼, 이제 이 공부법만 활용할 수 있다면 누구라도 그렇게 될 수가 있는 것이다.

또 내가 제시하는 공부법은 평생의 공부방법으로도 유용하다. 100세 시대를 맞아 정년 후의 복된 삶과 행복한 만족을 위해서라도, 이제 평생 공부는 선택이 아닌 필수이다. 즉 나의 공부법은 카메라 렌즈로 말한다면, 접사에서 망원까지 모두 커버하는 14-400㎜짜리인 것이다.

차례

프롤로그　　005　머리 좋은 사람의 공부법은 이제 그만!

Chapter 01　**머리가 트이는 공부법**

015　나는 기억력이 없다
019　"나도 되는데 왜 네가 안 되느냐?"
024　뇌로 생각한다는 것은 과연 맞는 판단일까?
029　명상, 유희를 유희하는 것
034　일상에 대한 의심이 성장을 만든다
037　빨리 가는 시간은 의미가 없다
043　판단이 혼란하다면 아무것도 하지 말라
046　공부에서 가장 중요한 것은 휴식이다
051　거시적인 안목으로 안전장치를 확보하라
056　객관화시킬 수 있는 시각을 가져라
058　나를 설득하는 것이 관건이다
062　공부에도 새옹지마塞翁之馬가 있다
068　에피소드 #01 하고 싶은 대로 즐기는 것이야말로 공부의 본질

Chapter 02 상식을 깨야 역전할 수 있다

075 바꿀 수 있는 것에 집중하라
079 현재의 나를 직시하라
085 시장에 순응하면서 시장을 이끌어라
089 오직 현재에만 집중하라
092 선택과 집중으로 능력을 극대화하라
096 스트레스를 관통하라
101 결과가 아닌 과정에 집중하라
106 매순간 죽어가는 것을 즐겨라
110 현실을 벗어난 것이 고상한 것은 아니다
114 긍정적 판단은 자기 아편일 뿐이다
118 결국은 유희가 답이다
124 에피소드 #02 나도 머리가 제법 좋구나

Chapter 03 주눅 들지 말고 자존감을 확보하라

131 결국은 도토리 키 재기일 뿐이다
134 소신을 가지고 본질에 집중하라
138 공부법에 정답은 없다
142 자존감이 없으면 공부도 없다
148 모든 것을 알 필요는 없다
153 공부는 남에게서 배우는 것이 아니다
157 나를 넘어서는 존재는 있을 수 없다
161 책에 있는 말을 다 믿을라치면 책이 없는 게 낫다
164 새롭게 배우는 것이란 존재하지 않는다
167 공부가 재미있어서 하는 사람은 없다
170 공부하는 방법은 한 가지가 아니다
174 에피소드 #03 도전을 즐기고, 공부에서 낭만을 찾아라

Chapter 04   이제 도서관은 필요 없다

- 181   자신을 길들여서 불필요한 내전을 종식시켜라
- 186   익숙해 질 때까지는 무엇이고 힘든 법이다
- 190   '70%의 법칙'을 이해하라
- 193   모방을 통한 거듭나기
- 199   정리를 통해서 70%의 법칙을 완성하라
- 202   논문을 보지 말고 책을 보라
- 206   맛있는 사과 먼저 먹기
- 209   이제 도서관은 필요 없다
- 214   논문은 합리성을 가진 거짓이다
- 218   매일 같이 글쓰기를 하고 타인에게 보여줘라
- 220   같은 책은 두 번 읽지 마라
- 223   중심 책 만들기와 상호비판을 통한 능력 신장
- 226   사전과 친해져라
- 230   개론서를 읽고 전체의 좌표를 파악하라
- 233   역사는 가장 중요한 배경이 된다
- 236   어떻게든 기회를 만들어서 많은 여행을 하라
- 242   생애를 분명하게 이해하라
- 245   에피소드 #04 논문 쓰는 것이 어렵다고?

에필로그   251   이 멋들어진 우리의 인생을 위하여

Chapter 01

머리가 트이는
공부법

나는 기억력이 없다

◇◆◇
'내' 문제였기 때문에 도저히 내버려둘 수 없었다

아마 나처럼 학교를 오래 또 많이 다녀본 사람도 없지 싶다. 개인적으로 꺼려하는 날 중 하나가 바로 스승의 날이다. 나에게는 총 일곱 분의 지도교수님과 다수의 선생님들이 계신다. 사실 감사하기는 하지만, 다 챙기다보면 허리가 휘는 것 역시 사실이다.

그런데 한 가지 고백하건대, 나는 기억력이 없다. 예를 들자면, 학교를 다니면서 단 한 번도 학번을 제대로 외워본 적이 없다. 더 놀라운 건 1학기가 지나도록 강의실을 잘 못 외운다는 점이다. 이런 이야기를 다른 사람에게 하면, '사람이 어떻게 그럴 수 있느냐' 또는 '믿지 못하겠다'라고 한다. 그런데 나는 선생이 된 뒤에도 지금까지 강의실을 잘 기억하지 못한다(참고로 나는 숫자를 잘 못 외우기 때문에 대신 교실의 위치를 기억하는 방법을 사용한다). 이런 머리로 어떻게 공부를 하는 것일까? 나 스스로도 의심스러운 부분이 아닐 수 없다.

기억력이 너무 없어 불편하다는 생각을 자각하게 된 것은 중학교 3학년 때였다. 살다보면 보통 때도 알고는 있었던 것들이 어느 한순간에 새롭게 훅 다가오는 때가 있다. 중3 때의 내가 바로 그랬다.

그러나 그렇게 태어난 현실을 어쩌겠는가? 그렇지만 그것이 남 일이 아닌 내 일이었기 때문에 결코 좌시할 수 없다는 점이 문제였다. 그래서 궁리 끝에 명상을 해서 머리를 틔워야겠다는 생각을 했고, 또 내 형편에 맞는 기억과 공부법을 만들어야겠다고 판단했다. 이것이 이후 내가 100여 가지의 명상법과 수행법들을 배우게 되는 동기가 된다. 거기에는 무언가 해법을 찾아야 한다는 절실함이 있었기 때문이다.

오늘날의 입장에서 돌이켜보면, 이것은 매우 위험한 일이었다. 사람들은 명상과 같은 정신수련은 부작용이 없다고 생각한다. 그러나 부작용이 쉽게 표면화되지 않는 것이지 부작용이 없는 것은 아니다. 정신을 개조하고 관점을 바꿀 정도의 강력한 에너지를 단기간에 만들어내는 것이 명상인데, 부작용이 없다는 것은 어불성설이다. 그리고 한 가지 더 명상과 관련된 팁을 주자면, 90%의 명상 수행법은 문제점만을 양산할 뿐이라는 것이다. 그래서 나는 명상만능주의자이지만, 동시에 함부로 명상법을 가르쳐주지는 않는다.

◇◆◇

공부가 노력이라고?

보통 외모나 신체 조건은 선천성이 강하다고 알고 있지만, 공부는 노력이라고 생각하는 경우가 많다. 그러나 사실 공부도 선천성과 환경이 절대적인 요소를 차지한다. 한 번 보고 외우는 사람과 100번 보고 외우는 사람을 단순히 노력 문제로 치부할 수는 없는 것 아닌가? 공부든 게임이든 스포츠든 같이 하다보면, 도저히 노력해서 못 이길 사람이 있고 한계점에 도달하게 마련이다. 좀 비극적으로 말하면, 공부 역시 외모처럼 후천적인 노력보다도 선천적인 자질이 차지하는 요소가 압도적으로 크다. 마치 우사인 볼트의 신체 조건을 단신의 아시아 육상선수가 노력으로는 이길 수 없는 것처럼 말이다.

공자는 "남이 1번 읽을 때 10번 읽고, 남이 10번 읽을 때 100번 읽으면 된다"고 했지만, 이런 건 정보와 책이 적었던 고대에나 통용되는 한가한 공부법일 뿐이다. 오늘날 이와 같은 공부법을 사용하게 된다면, 백이면 백 모두 실패하게 된다. 즉 단순무식에 우직이 더해져도 한계가 있다는 말이다.

나아가 지구력이나 성실성 심지어는 성격까지도, 사실은 선천성에 의해서 좌우되는 가치이다. 물론 노력을 통해서 일정 부분 개선될 수도 있지만, 타고난 것을 역전시킨다는 것은 실로 요원한 일이다. 마치 다이어트를 열심히 하는 사람보다, 먹어도 안 찌는 체질을 타고난 사람이 갑인 것처럼 말이다. 이렇게 놓고 본다면, 선천성이야말로 진짜 압도적으로 강력하다는 것을 알게 된다.

◇◆◇
판을 뒤집는 용기

교육에서는 선천성을 후천적인 노력으로 극복할 수 있다고 말한다. 그러나 이것은 교육이라는 목적의 정당성을 확보하기 위한 새빨간 거짓말일 뿐이다.

초등학교 때 선생님이 주식을 설명해 주면서, 누구나 삼성전자의 주식을 계속해서 사 모으면 나중에는 삼성전자를 소유할 수 있다는 말을 해준 적이 있다. 당시에는 그런가보다 했지만, 지금 생각해보면 이거야말로 거짓말 아닌 거짓말이 아닌가! 현재 1주에 130만 원이 넘는 주식을 그것도 10주가 기본이 되는 주식시장에서, 보통사람이 죽을 때까지 과연 몇 주나 살 수 있을까? 보통 사람이 대주주가 되기 위해서는 신선이 되어서 불사의 몸으로 수천 년간 매입하던지, 세세생생을 윤회하면서 사야 겨우 가능할 것이다.

노력하면 될 것이라는 허상을 깨버리고, 안 되는 건 안 된다는 현실을 받아들여라. 현실에 대한 자각과 직시, 이것이 문제를 해결하는 제1보가 된다. 마치 금연을 목적으로 하는 사람이 막연한 판단이 아닌 분명한 인식에서 전환을 맞는 것처럼 공부 역시 그런 것이다.

그리고 바둑이나 고스톱 판이 정 불리해서 역전의 기회가 없다면, 끝까지 게임을 하지 말고 판을 뒤집는 용기도 필요하다. 살짝 미칠 수 있는 용기 정도는 가지고 있어야, 비로소 새로운 가능성을 열어젖힐 수 있기 때문이다. 그래도 용기가 안 생긴다면 어차피 진 게임이라는 데에 집중해보라. 몰수패로 지나 끝까지 가서 지나, 결과는 마찬가지일 뿐이다. 욕을 좀 먹을 수는 있겠지만, 그래도 판을 뒤집으면 속병은 안 생기니 큰 손해는 없는 셈이다.

"나도 되는데 왜 네가 안 되느냐?"

암기력이 아닌 창의력의 시대

요가를 통해서 체형을 바꿀 수는 있다. 그러나 성장판이 닫힌 사람의 키를 키울 수는 없다. 물론 요가를 통해 자세가 교정되면, 일부 키가 커지는 측면도 발생할 수 있다. 그러나 이것은 근원적인 것은 아니다.

명상을 통해서 머리가 좋아지는 것은 아니다. 그러나 통찰력이나 직관지는 눈에 띄게 발달한다. 즉 명상이란 컴퓨터로 말하면 하드디스크의 용량을 늘리는 것이 아니라, 램의 업그레이드를 통해 정보처리 속도를 좋게 하는 것이다.

현대는 정보가 개방되어 있는 사회이다. 우리가 필요로 하는 거의 모든 정보는, 인터넷 등을 통해서 확보하는 것이 가능하다. 과거는 정보를 공유하지 않는 폐쇄적인 사회였다. 그렇기 때문에 특정한 사람에게 사사받고 외워야 하는 일이 중요했다. 그러나 현대에는 누구에게 특화되어 배운다는 것은 별 의미가 없다.

대학원에서 누구의 지도제자라고 하는 것은 이제는 더 이상 큰 의미가 되지 않는다. 인터넷 등의 다중 매체를 통해서 많은 사람들과 교류하고 다양한 정보를 습득하는 것, 이것이 요즘의 공부이다. 즉 현대는 지식에 있어서는 철저하게 유목민인 셈이다.

또 스마트폰이나 노트북의 발전은 지식의 전체를 암기할 필연성을 붕괴시켰다. 이제는 넘쳐나는 정보들을 잘 활용해 기능을 이해하고 그에 맞는 안목을 갖추는 것이 중요하지, 외우는 암기력이 중요한 시절은 아니다. 실제로 요즘은 대학에서 수업을 할 때에도, 관련 연도 등이 불분명할 때는 학생들에게 스마트폰으로 연도를 찾아보게 하는 것이 일반적이다. 즉 기억의 총량이 아닌, 다양한 자료의 활용과 관련된 감각이 더 중요한 것이 바로 현대사회인 것이다. 이런 점에서 명상은 현대의 지적구조에 있어서 매우 효율적인 수단임에 틀림없다.

모범생이 열등생이 되는 이유

인터넷이 발달하지 않은 20년 전만 하더라도, 전공자라면 관련 지식을 많이 암기하는 사람을 의미했다. 그러나 지금은 관련된 최신자료를 빨리 찾아서, 유용한 결과를 도출해 낼 수 있는 사람이 바로 전공자이다. 이런 점에서 명상을 통한 창의력 증진은 공부에 있어 매우 유용한 가치를 창출해 낼 수 있게 된다.

일반인들은 정확하게 구분하지 못하지만 고등학교 때까지의 교육과 대학에서의 교육, 그리고 석사과정과 박사과정의 교육방식과 목표에는 엄연한 차이가 존재한다. 단적으로 대비해보자. 고등학교 때까지의 교육이 암기력에 좌우된다면, 대학원의 논문 쓰기는 창의력에 기반해서 관련 자료들을 재해석해 새로운 관점을 도출하는 방식이다. 그렇기 때문에 고등학교

021
"나도 되는데 왜 네가 안 되느냐?"

때까지의 모범생이 대학원에 와서 열등생이 되는 경우도 있고, 때론 그 반대의 경우도 존재하게 된다. 즉 축구와 야구처럼 두 가지는 모두 스포츠 종목임에 분명하지만, 경기방식이나 규칙은 완전히 다르다는 말이다. 나처럼 기억력이 부족한 사람이 논문에서는 두각을 나타낼 수 있는 것도 바로 이와 같은 이유 때문이다.

기억력이 떨어지고 창의력이 좋은 것은 논문에서는 훨씬 유리하다. 왜냐하면 이렇게 되면 끊임없이 새로운 생각을 만들어내는 것이 가능하기 때문이다. 같은 이유에서 명상은 예술가나 작곡가 등에 있어서도 100% 유용한 가치가 된다. 내가 지인들에게 작곡을 해보고 싶다고 하면, 사람들은 의아한 눈으로 보곤 한다. 그러나 나는 논문 구상 능력과 작곡을 같은 것으로 본다. 그렇기 때문에 충분히 쉽게 가능하다고 판단하는 것이다.

명상에 의한 창의력과 직관지의 확대는 버라이어티에 적합한 인간을 만들어낸다. 그리고 이것은 현대사회의 인간관계나 대중의 앞에 서서 말해야 할 때에도 매우 유용한 가치가 된다. 그러나 연기자처럼 대본이 있는 특정한 틀을 편안하게 여기는 사람에게 있어서, 명상은 때론 독이 될 수도 있다.

◇ ◆ ◇

내면의 아이돌은 누구나 될 수 있다

나는 주변에서 공부를 어려워하는 사람들을 보면, 언제나 "나도 되는데 왜 네가 안 되느냐?"라고 말하며 노력하지 않음을 책망한다. 이 말은 '나 같은 사람도 했는데, 나보다 나은 네가 못한다는 게 말이 되느냐'라는 의미이다.

세상에는 배워서 될 수 있는 것이 있고, 배워도 안 되는 것도 있다.

그래서 속담에도 "열 번 찍어 안 넘어 가는 나무 없다"라고 하는 것과, "못 올라갈 나무는 쳐다보지도 마라"는 두 가지가 동시에 존재하는 것이다. 그러나 이공계 쪽은 몰라도 인문학 공부는 내 경험상으로는 반드시 된다. 또 이 조건에는 나이도 크게 중요하지 않다. 물론 어린 것이 유리하고, 너무 나이가 많은 경우에는 문제가 있는 것 역시 사실이다. 그러나 이 부분이 결코 넘을 수 없는 벽은 아니라는 말이다.

나는 간절함에 대해서도 자주 말한다. 사생팬이나 스토커와 같은 정신자세만 가지면, 공부는 어떤 상황에서도 결코 어렵지 않다. "지성이면 감천이다"와 같은 식상한 말을 하려는 것은 아니다. 사실 이 말은 거짓말이기도 하다.

스토커만큼 지성인 사람도 없을 것이다. 그렇다고 스토커의 사랑이 이루어지는 것은 아니다. 또 주식에 투자한 사람들을 생각해 보자. 이들은 모두 주식이 오르기를 염원한다. 그러나 빈 라덴의 9.11테러는 순식간에 전 세계 주식시장을 반 토막 냈다. 즉 전 세계 주식투자자들의 간절한 염원보다도 빈 라덴의 행동이 더 강력한 것이다. 그러므로 지성이라고 해서 반드시 감천한다는 공식은 성립하지 않는다.

그러나 자신의 정신과 생각을 바꾸는 데 있어서 이 공식은 분명히 성립한다. 내가 말하고자 하는 것은 바로 이 부분에 대한 것이다. 즉 간절한 정신이 있다면, 공부에서의 변화와 성취는 반드시 존재한다는 말이다.

아이돌에 대한 간절한 열정이 있다고 해서 반드시 아이돌로 데뷔할 수 있는 것은 아니다. 아이돌의 성공은 로또를 맞는 것만큼이나 어려운 일이기 때문이다. 그러나 내면의 아이돌은 열정만 있다면 누구나 될 수가 있다. 그것은 '꽝' 없는 경품추첨처럼 반드시 성취되는 일이기 때문이다.

뇌로 생각한다는 것은 과연 맞는 판단일까?

◇◆◇
머리만 있는 귀신과 목 없는 귀신

우리 몸에서 가장 핵심적인 부분은 과연 어디일까? 최소한 머리카락이나 손톱은 아닐 것이다. 왜냐하면 잘리거나 뽑혀도 그곳에는 의식이 없고, 전체적으로도 문제가 되지 않기 때문이다. 이런 식으로 하나하나 자른다고 생각해보면, 나중에 남는 곳이 가장 핵심적인 곳이 된다.

팔다리는 당연히 아닐 것이고, 남는 곳은 머리와 몸통이다. 이 두 부분 중 보다 핵심적인 곳은 어디일까? 대다수는 머리라고 하겠지만 과연 그럴까? 만일 머리가 핵심이라면 뇌사자는 사망 처리되고 장기는 기증될 수 있어야 한다. 그러나 현재까지 뇌사자인 식물인간을 곧장 사망으로 판단하지는 않는다. 즉 아직까지 이에 대해서는 논란의 여지가 있는 것이다.

과거에는 과연 이 문제를 어떻게 생각했을까? 이것을 알 수 있는 것이 바로 귀신에 대한 관념이다. 목이 잘려서 죽은 사람이 귀신이 되어 나타난다면, 목 없는 귀신이 될까? 아니면 목만 떠다니는 귀신이 될까? 동아시아의 전통에서는 이런 경우 백이면 백, 목 없는 귀신으로 나타난다. 즉 동아시아 전통은 우리 몸의 핵심을 머리로 보고 있지 않은 것이다.

그렇다면 몸에서 가장 중요한 장기인 심장이 핵심일까? 실제로 세계의 여러 문화권에서는 심장을 핵심으로 보았는데, 그 대표적인 곳으로 아즈텍 문명을 들 수 있다. 아즈텍에서는 인신공희人身供犧의 과정에서 심장을 적출해 신에게 바치는데, 이것은 그들이 심장을 핵심으로 보았기 때문이다.

그러나 동아시아인들은 흥미롭게도 심장도 아닌 배가 핵심이라고 생각했다. 이로 인해서 나중에 단전은 하복부에 위치하게 된다. 이것이 바로 배 중심의 문화이다. 즉 전통적으로 우리는 배로 생각한다고 판단했던 것이다. 고전에 익숙하지 않은 사람들은 이런 이야기를 접하면 굉장히 의아해 할 것이다. 그러나 이것은 분명한 사실이다.

유의경(劉義慶, 403~444)의 『세설신어世說新語』를 보면, 책을 많이 읽어 '이만권李萬券'이라는 별명이 붙은 사람의 이야기가 나온다. 그 공부벌레는 공부를 너무 많이 해서 배가 터질 것 같아, 특별히 두꺼운 허리띠를 차고 다녔다고 한다. 또 포송령(蒲松齡, 1640~1715)의 기담집인 『요재지이聊齋志異』를 보면, 배를 갈라서 창자를 씻어내고 지능이 좋아진 사람에 대한 이야기가 수록되어 있다. 즉 예전 사람들은 창자로 생각한다고 판단했던 것이다.

오늘날의 관점에서 보면, 이는 허황하기 짝이 없는 사고일 뿐이다. 오늘날 창자에 암이 생기게 되면 일부를 잘라내곤 한다. 그러나 그 사람의 지능에는 아무런 문제가 없다. 이는 심장 이식수술을 받거나 인공심장을 사용하는 경우도 마찬가지다. 즉 창자와 심장은 핵심이 아니라는 점은 명백해진 것이다. 그렇다면 머리, 즉 뇌라는 말이 되는데 과연 그럴까?

뇌는 생각을 만들어 내는가?

머리가 인체의 핵심이라는 관점은 인도·유럽의 사고에서는 일찍부터 확인된다. 그렇기 때문에 인도불상에서는 불상에 생명력을 불어넣는 방식으로, 불상의 정수리에 붓다의 사리를 봉안하는 유물이 확인되곤 한다. 이런 유물은 중국에서도 여러 점 발견된 바 있다.

그런데 중국에서 불상은, 머리가 아닌 배에 사리 등의 유물을 봉안하는 방식으로 변모된다. 이것을 '복장腹藏'이라고 하는데, '배에다 감추었다'는 의미이다. 우리가 말이 안 통해서 답답할 때 사용하는 '복장 터진다'는 말도 바로 이와 같은 배 중심의 문화에서 유래한 것이다. 즉 불상의 변천을 통해서도, 인도식의 머리 중심 사고가 동아시아의 배 중심의 관점으로 변모되는 양상이 확인되는 것이다.

오늘날은 대체로 머리, 정확하게는 뇌로 생각한다는 판단이 보편적이다. 최근 유행하는 뇌 과학에 대한 논의도 이와 같은 인식 기반을 바탕으로 하는 것이다. 물론 그럼에도 앞서 언급한 것처럼, 심장 중심의 관점도 남아 있기 때문에 아직까지 '뇌사자=사망자'라는 판단은 성립하지 않는다.

실제로 뇌의 일부가 절단되면, 사람들은 일부의 기억이나 인지능력을 상실하게 된다. 그러나 한 번 더 생각해보면, 이 세상에는 뇌가 없는 생물들도 많이 존재한다. 그렇다면 이들은 생각이 전혀 없는 것일까? 또 이러한 생물들은 어떻게 판단하는 것이 가능할까? 더 나아가서 귀신이나 영혼은 뇌가 없으니 존재할 수 없는 것이 아닐까? 이외에도 유체이탈 등을 할 경우, 이때 판단하는 주체는 과연 무엇일까? 만일 뇌가 핵심인 것이 맞다면, 사후를 말하는 모든 종교는 사기가 된다. 이쯤 되면 이 주제가 상당히 흥미롭다는 것을 알게 될 것이다.

◇ ◆ ◇
뇌에 갇힌 사고의 틀을 깨라

나는 '뇌가 맞다, 아니다'를 말하려고 하는 것이 아니다. 책의 주제인 공부법과 관련해서, 뇌에 갇힌 사고를 할 필요가 없다는 것을 말하고 싶은 것이다.

중국의 도가 서적인 『열자列子』에는 손으로 볼 수 있는 사람에 대한 이야기가 실려 있다. 내용인 즉은, 눈이나 손은 기능적인 차이만 있을 뿐 그 본질은 같다는 것이다. 이 말은 맞기도 하고 틀리기도 한다.

정자와 난자가 만나서 수정되는 상황을 고려한다면, 감각기관에 따른 본질적인 차이는 분명히 없다. 그러나 이미 기능이 나누어진 상태에서, 이것을 같은 것으로 판단하기에는 논리에 비약이 있다는 점 역시 사실이다. 그러나 한 가지 재미있는 것은 뇌 또한 감각기관에서처럼 본질은 같은 것일 뿐이라는 점이다. 즉 뇌라는 특정 신체에 갇힌 사고를 하지 말고, 몸 전체로 생각한다는 유연한 사고를 할 필요도 있다는 말이다. 이렇게 되면 공부의 경계는 한층 넓어질 수 있게 된다.

공부법에서 중요한 것 중 하나는 틀에 박힌 고정관념을 허물고 생각에 자유를 부여하는 것이다. 마치 꿈 속에서 꿈꾸는 이가 생각하는 것은 뇌이기도 하고 세계 전체이기도 한 것처럼, 우리에게도 관점의 전회가 필요한 것이다.

동아시아에서는 전통적으로 생각을 넘어서는 마음이라는 측면을 이야기했다. 뇌를 넘어선 마음의 세계, 그곳에 얽매이지 않는 또 다른 한계 초월의 세계가 존재한다고 말하고 있는 것이다. 나는 여기에서 뇌는 잘못이고 마음이 맞다고 주장하는 것이 아니다. 다만 뇌라는 틀을 깨고 또 다른 유연한 사고로 나아가라고 강조하는 것이다.

명상, 유희를 유희하는 것

공부법으로서의 명상

명상이란, 정신집중을 통해서 에너지를 효율적으로 모으는 방법이다. 명상을 통해서 감관을 조절하거나 내적인 상태에 들어가게 되면, 고요하고 안온한 행복을 경험하게 된다. 이 행복은 감각적인 쾌락과는 다르다. 감각적인 쾌락이 더 자극적이며 높은 강도를 요구한다면, 명상을 통한 행복에는 항상함이 있다. 마치 불금에 맞이하는 광란의 밤과 한겨울 설원에서 따뜻한 햇볕을 맞는 것의 차이라고나 할까!

명상 자체가 목적이 되면 종교인이나 수행자의 길과 가까워지므로, 공부에는 바람직하지 않다. 그러므로 공부법으로서의 명상이란, 효율적인 공부 완성을 위한 방법적 수단으로만 활용되는 것이 타당하다. 물론 명상을 통해서 자신을 조절하고 계발하는 것은, 삶의 만족도를 높이고 나이가 들수록 고원한 정신경계를 가진다는 점에서는 충분히 바람직하다. 또 동아시아의 전통적인 공부 목적은, 인격 완성을 통해 성인聖人이 되는 것이라는 점에서 본다면 더욱 그렇다.

공부법과 관련해 현실에서 우선 필요한 것은 명상을 통한 효율성 확보이다. 그러기 위해서 가장 필요한 부분이 바로 잡념의 통제이다. 사실 잡념만 없다면, 정신은 자체로 초기명상 상태에 존재한다. 즉 명상과 잡념은 빛과 어둠과 같은 대립적 관계인 셈이다.

일반적으로 정신을 집중시킬 때, 잡념의 문제는 필연적으로 넘어야 할 과제라고 생각한다. 그러나 이렇게 대립적인 관계를 만들게 되면, 잡념은 오히려 반발하게 된다. 그러므로 가장 먼저 잡념의 존재를 인정해주는 것이 중요하다.

◇ ◆ ◇
잡념을 내 편으로 만들어라

잡념의 통제와 관련해서 내가 주장하는 방법은 잡념의 양성화이다. 잡념의 정체란 무의식적인 불만에 따른 다른 관점의 시각들이다. 즉 현재의식의 생각과는 다른 관점들의 자잘한 위장이, 바로 잡념의 정체인 것이다. 그러므로 억압하거나 털어내려고만 하지 말고, 그 잡념 역시 나의 일부분임을 인정하고 받아들이는 자세가 필요하다. 이것이 바로 잡념 양성화의 시작이다. 그렇지 않고 잡념을 무시하는 행동을 하게 되면 종이로 불을 덮는 것과 같다. 그래서 조금만 방심하면 곧 잡념의 요요현상에 직면하게 된다. 그렇다고 계속 집중하면서 잡념을 경계하는 것은 피곤해서 사람이 할 짓이 못 된다. 그러므로 잡념을 양성화해 승화시키는 것이 필요하다.

능력이 탁월하지 않은 보통사람들은 어떤 일이 있어도 '나에 대한 나의 투쟁 구조'가 만들어져서는 안 된다. 이렇게 되면 능력이 분산되기 때문인데, 바로 이 점이 중요하다.

잡념의 양성화 방법은 간단하다. 정신을 집중하다가 잡념이 떠오르면 계속 그 생각을 따라가면 된다. 그러나 한 가지 주의할 점은, 이때 절대로 다른 곁가지로 나가면 안 된다. 즉 처음에 떠오르는 잡념이 직업이면 직업과 관련된 잡념만 용인하고, 돈이면 돈과 관련된 잡념만을 유지해야 한다.

잡념의 가장 큰 문제는 변검變臉과도 같은 무쌍한 변화이다. 즉 처음에는 직업으로 시작된 잡념이 나중에는 부동산 등으로 바뀌거나 하는 것이 다반사이다. 그러므로 여기에서는 무조건 처음에 떠오른 잡념의 주제를 계속 유지하는 것이 중요하다.

사실 잡념은 뿌리가 깊지 못하고 논리구조가 약하다. 그렇기 때문에 현재의식에 채택되어 일관된 생각으로 발전하지 못한다. 즉 탈락한 생각들이 펼치는 레지스탕스적인 행위가 바로 잡념이라는 말이다. 그렇다보니 어떤 잡념도 하나의 주제만으로는 1시간을 계속 생각하는 것이 어렵다. 이렇게 잡념을 완전히 인정해주고 뿌리가 드러나도록 하는 것이 핵심이다. 이렇게 되면 놀랍게도 같은 문제의 잡념이 발생하는 빈도가 현격하게 줄어들게 된다. 즉 양성화를 통해서 잡념이 승화되는 것이다.

사람이 오만 가지 생각을 하고 사는 것 같지만, 실제로 우리는 그렇게 다양하고 창의적인 생각들을 하지는 못한다. 그래서 잡념의 종류는 사실 100가지도 되지 않는다. 그러므로 100번 정도만 이런 일을 반복하게 되면, 잡념이 내 현재의식의 판단을 시끄럽게 하지 못하게 된다. 즉 모든 음지의 세력이 양성화되면서, 현재의식은 야당이 없는 거대여당을 형성하게 되는 것이다. 이렇게 되면 내 판단과 집중에 의한 능력도는 실로 엄청나게 증대된다.

돋보기로 종이를 태우는 집중의 힘

어린 시절 돋보기로 햇빛을 모아 종이를 태워본 경험이 있을 것이다. 빛 흡수가 좋은 검은 종이는 그나마 잘 타는데, 빛을 반사하는 흰 종이는 불붙이기가 쉽지 않다. 그리고 쉽게 종이가 타지 않는 경우는 일정하게 초점을 맞추고 있는 손이 시간의 무게를 견디지 못하고 점차 흔들리기 때문이다. 돋보기를 든 손이 자꾸만 흔들리면 종이를 태우는 일은 요원하게 된다.

명상도 마찬가지다. 뚜렷한 목적에 대한 집중이 어느 정도는 유지되어야만 에너지가 만들어진다. 잡념을 양성화해서 승화하는 것은 돋보기 든 손의 흔들림을 없애는 것과 같다. 그러므로 잡념만 극복되어도 명상은 거의 성공하는 것으로 봐도 큰 문제는 없다. 그러나 역시 화룡점정은 바로 목적에 대한 집중이라고 하겠다.

명상이 집중을 통해서 강한 에너지를 만들어낸다고 하더라도, 이 에너지를 사용하지 못한다면 아무런 소용이 없게 된다. 또 모든 에너지는 어딘가로 흐르려는 경향이 있기 때문에 관리하는 것도 쉽지 않다. 그러므로 공부와 관련해서는 두 가지 목적을 세우는 것이 중요하다.

첫째는 전체적으로 나는 어떤 관점이나 원리를 터득했으면 좋겠다는 장기적인 것이며, 둘째는 이 달 안에 어느 정도까지는 성과를 내겠다는 것과 같은 단기적인 것이다. 이것은 마치 고속철도 공사를 할 때, 전체구간을 확정한 뒤 실제로는 구간공사를 하는 것과 같다. 이렇게 되면 집중을 통해서 만들어지는 에너지는 새지 않고 그와 관련된 쪽으로 계속해서 흐르게 된다.

이미 독자들이 눈치 챘을 수도 있지만, 내면을 통제하고 목적에 반복적으로 집중하는 방법은 비단 공부법으로만 활용되는 가치는 아니다. 그것은 인생의 성공이나 어떤 목적을 이루는 데 있어서도 그대로 통용될 수 있는 동일한 가치의 방법이기 때문이다.

일상에 대한 의심이 성장을 만든다

스티브 잡스는 외계인이 아니다

익숙한 것에서 판을 흔드는 것은 생각보다 쉬운 일이 아니다. 이것은 마치 일기를 쓰는 것과 유사하다. 초등학교 방학과제 중 가장 어려운 것이 일기 쓰기이다. 물론 여기에는 개학 전에 몰아서 쓰는 과정에서 날씨를 잘 모르는 문제가 있기 때문이기도 하지만, 보다 근본적인 것은 특별함 없이 반복되는 일상에 있다. 말 그대로 다람쥐 쳇바퀴 같은 일상인데, 도대체 무엇을 쓰라는 말인가? 물론 한 달에 몇 번은 특별한 일이 발생하며, 이때는 일기를 쓰기가 쉽다. 그러나 그 외의 똑같은 일상들은 어떻게 할 것인가?

그러나 한 번 더 생각해보면 과연 우리에게 똑같은 일상은 존재하는 것일까? 그리스의 철학자 헤라클레이토스는 "우리는 같은 강물에 두 번 발을 담글 수 없다"고 했다. 그것은 강물이 계속 흐르기 때문이다. 즉 우리가 반복된다고 생각하는 일상이란, 사실은 반복을 가장하고 있을 뿐 전혀 반복이 아니었던 것이다.

두부를 먹다가 갑자기 든 생각이 있다. 끓는 콩물에 가장 먼저 간수를 떨어트린 사람은 누구일까? 이 사람이 두부를 발견한 최초의 동아시아인이다. 아마도 이것은 의도한 것이라기보다는 실수였을 것이다. 그러나 그 사람은 실수에 당황하지 않고 두부라는 전 세계적인 음식을 만들어내게 된다. 즉 실수가 문제가 아니라, 이를 수습하는 과정이 바로 위대함인 것이다.

  우리가 흔히 아는 포스트잇도 이렇게 만들어진다. 접착제의 사용이 잘못되어, 붙는 것도 아니고 떨어지는 것도 아닌 이상한 상황이 된 메모지. 이런 문제점을 그대로 장점화한 것이 바로 포스트잇이다. 결국 문제는 한 끗 차이이자 간발의 차이일 뿐이다. 스티브잡스만 창의력이 있고 대단한 것이 아니다. 모든 생각이 미치는 곳에, 그 자체로 창의력과 두뇌의 발전 구조는 존재하고 있는 것이다.

◇◆◇

내가 모른다는 점에 집중하라

익숙한 것의 가장 무서운 측면은 전혀 의문을 만들지 않는다는 점이다. 동아시아인들은 평생을 허리 굽혀 인사한다. 그러나 '왜 우리는 허리를 굽혀서 인사를 하는 것인가'를 생각해 보지 않는다. 에스코모인들이 서로 코를 비비면서 인사하는 것을 보면, 누구나 매우 특이하다고 생각한다. 그것은 우리와 다르기 때문이다. 그러나 입장을 바꿔 본다면, 에스키모인도 우리의 허리 굽혀서 인사하는 것을 보면 희한하다고 생각하지 않을까?

  같은 동아시아인들은 아무도 허리 굽혀 인사하는 것을 의문시하지 않는다. 그것은 태어났을 때부터 봐왔던 너무나도 당연한 일상이기 때문이다. 그러나 만일 외국인 친구가 와서 '왜 너희는 허리를 굽혀서 인사하는가?'라고 묻는다면, 우리는 과연 뭐라고 답할 수 있을까? 여기에는 마땅한 대답이 '글쎄?' 밖에는 없다. 평생을 하루에도 몇 번씩 하는 인사에 대한 대응치고는 너무나도 서글픈 모습이다. 이것이 익숙함에 안주한 사람의 결과인 것이다.

그러므로 발전하고 싶다면 주변의 익숙한 것에 칼날을 겨누고 의심해야만 한다. 그리고 모른다는 사실 자체를 부끄러워할 줄 알아야 한다.

보통 사람들은 내가 모르는 것보다 내가 모르는 것을 남이 알게 되는 것을 부끄럽게 여긴다. 이렇게 되면 나이가 들고 사회적인 지위가 올라가게 되면서, 점차 아무 것도 묻지 않게 되고 생각할 수 없게 된다. 그러므로 언제나 모른다는 사실에 집중하고, 내가 모른다는 그것만이 진정한 부끄러움이라는 점을 자각해야 할 필요가 있다. 내가 모르는 것을 남이 아는 것이 부끄러움이 아니라, 내가 모른다는 사실 그 자체만이 진정한 부끄러움이기 때문이다. 이러한 삶의 자세를 견지하게 되면, 어둠은 걷히고 모든 사람들이 의지하는 지인知人으로 거듭나게 되는 것 역시 어렵지 않다.

빨리 가는 시간은 의미가 없다

◇◆◇
가속도가 붙는 시간의 움직임

어린아이였을 때는 한참을 놀고 또 한숨 자고 나도 하루가 채 가지 않는 경험을 하곤 한다. 우리에게는 하루가 너무 길어서 언제 어른이 될까 싶었던 때가 있었던 것이다. 초등학생 때는 일요일이 멀기만 했다. 그런데 나이를 먹게 되면 고개만 돌리면 일주일이고, 누웠다가 일어나면 한 달이 훌쩍 간다. 이건 뭐 냉동인간이 됐다가 깨어나는 것 같다.

또 어떤 때는 정월에 신년 계획을 세우다가, 어느덧 삼복더위를 맞는 경우도 있다. 이런 게 바로 인생이다. 그래서 미하엘 엔데는 『모모』에서, '어른들은 회색인간에 의해서 시간을 도둑맞는다'고 한 것이리라.

왜 같은 시간이 다르게 느껴지는 것일까? 우리가 경험하는 시간에는 두 가지가 있다. 첫째는 시계에 의한 객관적인 공통시간이며, 둘째는 개별적으로 느끼는 주관적인 시간이다.

100미터 달리기를 하기 위해 스타트라인에 서 있으면, 신호가 울리는 불과 얼마 되지 않는 시간이 무척이나 길게 느껴진다. 이는 시험시간에 시험지 돌리는 짧은 시간도 마찬가지이다. 즉 나이 먹는다고 해서 모두 다

시간이 빠르게만 가는 것은 아니라는 말이다.

그럼 무엇 때문에 시간의 체감 속도가 달라지는 것일까? 이유는 각성상태의 유무이다. 즉 나이가 들어가면서 세상에 대한 익숙함이 쌓이자, 전체적으로 무감각해지는 것이다. 그러나 가끔 큰 문제가 발생하게 되면, 잠들었던 익숙함이 각성되면서 시간이 느리게 가는 것을 느끼게 되곤 한다.

내가 경험한 현실적인 시간 중 가장 느린 것은 교통사고 때였다. 앞자리에 탄 채로 교통사고의 상황을 그대로 인식하면, 불과 몇 초도 안 되는 시간에 진짜 만감이 교차하는 것을 느끼게 된다. 이것은 죽음에 직면한 위기상황에서 의식이 초각성 상태가 되기 때문이다.

죽기 전에 자신이 살아온 전 생애를 본다는 것도, 이와 유사한 측면이라고 이해하면 되겠다. 이렇게 놓고 보면, 시계를 통한 객관적인 시간은 공통이지만 그 속에서 느끼는 주관적인 시간에는 상당한 차이가 존재한다는 것을 알 수 있다.

◇◆◇
시간의 흐름을 늦추는 방법

나이가 어릴수록 시간이 느리게 간다는 것에는 모두가 동의할 것이다. 그리고 바로 이 시간이 느리게 가는 때일수록 발전력이 있을 시기이다. 즉 빠르게 가는 시간은 별 의미가 없고, 우리의 발전에 도움이 되지 않는다는 말이다. 그러므로 지속적인 발전과 공부를 통한 성취를 바란다면, 시간을 느리게 흐르도록 하는 방법을 강구해야만 한다.

야구선수 중 타율이 높은 타자는 투수가 던지는 야구공의 실밥이 보인다고 한다. 일반인이 시속 120㎞ 이상의 속도로 날아오는 야구공의 실밥

을 본다는 것은 당연히 불가능한 일이다. 그러나 타자는 이것을 보기 때문에, 순간적으로 그 공의 구질을 판단해서 밀어칠 것인지 끌어칠 것인지를 결정하게 된다. 즉 잘 훈련된 타자에게 공이 날아오는 시간은 우리와는 달리 느리게 전개되는 것이다.

이처럼 기적 같은 일이 가능한 이유는 무엇일까? 그것은 훈련을 통해 타석에서 자신을 각성시킬 수 있기 때문이다. 물론 이것이 안 된다면, 그 타자는 타율이 높게 나올 수 없을 것이다.

양궁선수들이 과녁의 붉은 색 정곡正鵠을 크게 본다는 것도 흔한 이야기이다. 이 역시 각성을 통해서 일종의 초월적인 능력을 성취하는 경우이다. 그리고 이 정도 능력을 가질 정도의 노력은 해야 최고의 선수라고 할 수 있다.

타자와 양궁 선수의 특이 능력은 모두 반복된 훈련을 통해서 집중력을 높인 결과이다. 특히 양궁이나 사격과 같은 경기는 내적인 조절이 절대적으로 필요한 경기이다. 그래서 이들은 호흡법이나 명상과 같은 훈련을 하고는 한다. 정신적인 부분이 물질과 연계되어 경기결과로 드러나는 종목이기 때문이다.

공부도 마찬가지이다. 흐르는 시간만 느리게 할 수 있을 정도의 집중력을 끌어낼 수만 있다면, 문제는 해결된 것이나 진배없다. 그러기 위해서는 양궁 선수가 훈련하는 호흡법이나 명상이 필요한 것 역시 당연하다. 그런데 흥미로운 것은 현대의 공부법에서는 아직까지는 이 부분이 전혀 강조되지 않고 있다는 점이다.

전통적인 동양의 공부법은 현대의 공부법과는 사뭇 달랐다. 붓다는 법문을 설하기 전에 언제나 명상에 들었다. 그래서 이를 '출정후어出定後

語', 즉 선정禪定에서 나와 가르침을 설한다고 하는 것이다.

신유학자들 역시 명상과 밀접한 공부법을 말한다. 주자와 사상채謝上蔡는, '반일정좌半日靜坐 반일독서半日讀書'를 주장했다. 이는 하루의 절반은 정좌를 해서 명상하고, 나머지 절반은 독서를 한다는 의미이다. 그런데 여기에는 독서보다 더 중요한 것으로, 정좌를 앞세우고 있어 주목된다.

우리나라의 공부법은 대부분 입시와 관련된 것이다. 그렇다보니 창의력을 강조하는 것보다는 시험과 관련된 기술을 가르치는 것이 중심이 된다. 그러나 대학원에 오게 되면 암기시험은 철저하게 무력화된다. 즉 '어떻게 창의력을 끌어낼 것이냐'가 최대의 화두가 되는데, 이것은 내면의 조절과 직결되는 문제이다. 특히 인문학 분야에서 이는 더욱 그렇다. 이런 점에서 고학력·고령화 사회가 전개되고 있는 현대에 있어, 전통적인 공부법은 다시금 환기를 요청받고 있는 것이다.

판단이 혼란하다면 아무것도 하지 말라

◇◆◇
일주일 동안 천정 보기

살다보면 어떤 것이 옳은 판단인지 모호한 경우가 있다. 안개 낀 것처럼 앞이 보이지 않는 상황이 장기간 지속되면, 조금씩 정신이 혼미해지는 듯한 느낌마저 들기도 한다. 이를 극복하기 위해 일부러 생활을 바쁘게 만드는 방법이 있다. 바쁘면 이런 혼란한 인식을 할 여유가 없기 때문이다.

어떤 경우에는 대체할 수 있는 무언가를 찾기도 한다. 실연의 상처를 극복하는 방법으로, 가장 많은 사람들이 조언하는 것은 더 좋은 사람을 만나서 대체하라는 것이다. 애완동물이 죽었을 경우에도, 실제로 다른 동물을 들여오는 방법이 사용된다.

그러나 한 번 더 생각해보면, 이것은 문제를 해결하는 방식이 아니라 순환시켜서 전환하는 데 불과하다. 왜냐하면 문제의 핵심은 내면의 감정이 정리되지 못하는 부분에 존재하기 때문이다. 종이로 불을 가릴 수는 없다. 불이 타고 있는 것을 종이로 가린다고 해서 불이 없어질 리는 만무하다. 그것은 오히려 불을 키우는 방법일 뿐이다.

나는 혼란을 극복하고 내면을 정리하는 해법으로, 아무것도 하지 말

것을 제시하고 싶다. 독방과 같은 단순하고 제한된 공간 속에서 똑같이 반복되는 음식만 먹으며, 진짜 아무것도 하지 않고서 일주일 정도 있어 보라. 물론 그 기간에는 책이나 TV 및 스마트폰도 사용해서는 안 된다.

처음에는 늘어지게 잠을 잘 수도 있지만, 며칠만 지나면 잠도 더 이상 잘 수 없는 상황에 직면한다. 이렇게 일주일 정도 지나면, 놀랍게도 무의식이 가장 현명한 판단을 도출해내게 된다. 그 이유는 스스로 미치지 않게 하기 위해서이다.

그러므로 혼란한 상황에 직면하면, 생활을 단순화하고 무의식을 믿어 보라. 그러면 원하는 답은 아닐지라도, 현재 주어진 조건에서 최고의 답을 얻는 것은 어렵지 않다.

◇◆◇
깨끗한 환경이 건강을 담보하지는 않는다

메기효과라는 것이 있다. 미꾸라지를 장시간 운반할 때, 미꾸라지만 넣어 두면 피로도에 의해서 죽는 문제가 발생한다. 이때 천적인 메기를 같이 넣으면, 살기 위해서 발버둥치는 과정에서 경각심이 생겨 죽지 않게 된다. 이것을 메기효과라고 한다. 메기효과는 적절한 스트레스는 독이 아니라, 자신을 극복하고 개발하는 데 있어 반드시 필요하다는 것을 증명한다는 점에서 주목된다.

내가 어린 시절만 하더라도, 우리나라의 환경이 별로 좋지 못했고 위생상태도 형편없었다. 당시에는 재래식 화장실이 일반화되어 있었음에도, 오히려 손을 씻는 비율은 턱없이 낮았다. 흙바닥에서 땅따먹기를 하거나 흙먼지를 뒤집어쓰고 노는 것이 일반적이었고, 때론 웅덩이에 고인 빗물을 마시는 일도 있었다. 그러나 크게 탈이 나거나 하는 경우는 별로 없었다.

오늘날 우리 사회는 그때에 비하면 매우 깨끗하고 위생적이다. 그 결과 현대인들은 아토피의 고통을 겪게 된다. 너무 깨끗한 환경이 면역력의 증진에는 도움이 안 되기 때문이다. 이런 점에서 깨끗한 것은 좋지만, 너무 깨끗한 것만이 능사는 아니라는 판단도 가능하게 된다.

◇◆◇
적절한 스트레스는 발전의 원동력이 된다

인간의 발전을 위해서는 스트레스 역시 필요하다. 스트레스가 없으면 편한 것 같지만, 안주하는 덤덤한 삶이 되기 쉽다. 특히 공부하는 사람의 입장에서 스트레스를 즐길 수 있는 법을 터득하는 것은 지속적인 공부성취에 필수적인 요소이다.

중국의 원말·명초를 산 묘협妙마의 「보왕삼매론寶王三昧論」에는 "공부하는 데 마음에 장애 없기를 바라지 마라. 마음에 장애가 없으면 배우는 것이 넘치게 되나니, 성현이 말씀하시되 '장애 속에서 해탈을 얻으라' 하셨느니라."고 하였다. 여기에서 넘친다는 것은 '과유불급過猶不及'의 의미이다. 즉 지나친 것은 부족함만도 못하다는 의미이다.

논문 쓰는 것을 흔히 '피를 말리는 작업'이라고 한다. 그런데 계속 피를 말려 보면, 고통만 있는 것이 아니라 그 나름대로 새로운 피가 솟아나오고 순환하는 기쁨도 있다는 것을 알게 된다. 물론 그러기 위해서는 피를 많이 말려 봐야 하는 것은 물론이다.

공부에서 가장 중요한 것은 휴식이다

◇◆◇
잠과 지능의 비례관계

잠을 줄이고 공부하는 것이 효율적이라고 생각하는 사람이 많다. 그러나 나는 이와 같은 생각에 반대한다. 정확히 말하면 나는 많이 잘수록 공부에 효과적이라고 판단한다.

공부는 현재의식이 하는 것보다도 무의식이 하는 부분이 훨씬 더 크다. 이런 점에서 관점을 바꾸고 창의력을 증진시키기 위해서는 오히려 충분한 잠이 필요하다. 또 잠들어 있을 때 무의식은 현재의식이 받아들인 정보를 마치 도서관 사서처럼 재정리한다. 그러므로 충분한 잠은 작은 공부가 아닌 큰 공부의 완성을 위해서는 필연적이라고 하겠다.

당신은 잠을 적게 자는 동물일수록 지능이 낮다는 점을 생각해 본 일이 있는가? 물고기는 잠을 거의 안 자는 동물인데, 이러한 물고기의 기억력이 3초라는 것은 널리 알려진 사실이다. 물론 최근 연구에 따르면 물고기의 기억력이 3초보다 오래간다는 발표도 있다. 그러나 그래봐야 크게 감동할 만한 정도는 아니다.

동물의 지능은 코알라나 나무늘보처럼 특수한 경우를 제외하고는

047
공부에서 가장 중요한 것은 휴식이다

수면시간과 정비례한다. 즉 수면시간이 긴 동물일수록 지능도 높은 것이다. 사람도 마찬가지이다. 어린아이에서 청소년기까지 발전력이 길 때는 잠이 언제나 부족하다. 그러다가 나이 들어서 잠이 없어지면, 더 이상의 발전력과 창의력이 없는 덤덤한 사람이 되고 만다.

내 경우를 비추어보면, 논문이나 책 원고를 쓰는 창의적인 작업이 요청될 경우에는 무조건 푹 자면서 할 때 능률이 더 좋다. 언뜻 생각하면 적게 자고 작업하는 게 시간이 단축될 것 같지만, 감각이 떨어지면 시간이 많아도 제자리걸음만 하게 된다. 또 나중에 보면 만족도도 떨어지기 일쑤이다. 그래서 푹 자는 것이 오히려 두 번 손 안 가게 일이 깔끔하게 된다.

육체적인 단순반복 노동과 같은 경우에는 잠을 적게 자고 일을 하는 것이 더 효율적일 수도 있다. 그러나 공부처럼 머리를 쓰는 일이라면, 무의식이 자유로운 상태에서 주체적으로 작업할 수 있도록 해주는 것이 보다 중요하다. 이런 점에서 본다면, 잠은 공부의 적이 아닌 가장 든든한 아군이라고 하겠다.

◇◆◇
무의식의 힘을 믿어라

많은 사람들이 공부에서 중요한 것은, 많이 보고 배운 것을 토대로 하는 새로운 정보에 대한 기억과 입력이라고 판단한다. 실제로 이것은 정보가 부족하던 과거에는 맞는 말일 수도 있다.

그러나 현대와 같이 정보가 넘쳐나는 다양한 사회구조 속에서는 우리의 감각기관을 통해서 들어가는 정보의 총량은 문제가 되지 않는다. 그보다는 이것을 머릿속에 어떻게 효율적으로 정리해서, 내가 쓰고자 할 때

떠올리느냐가 더 중요하다. 즉 내면의 효과적인 정리, 그리고 사용할 때 잘 떠올릴 수 있도록 하는 것이 핵심이라는 말이다. 이런 점에서 본다면, 공부보다 중요한 것이 바로 휴식이다.

휴식은 잠과 더불어 감각기관으로 들어온 정보들을 재정리하고 분류하는 작업을 한다. 그러므로 적절한 휴식은 공부의 능률을 신장시키는 결과를 가져온다. 물론 공부를 즐길 수 있는 상태가 되어 '공부=취미'가 된다면 더 이상의 휴식은 무의미하다. 그렇게 되면 공부는 그 자체가 휴식일 뿐이기 때문이다. 그러나 이것은 쉬운 일이 아니다. 그러므로 적절히 쉬어주는 것이 중요하다. 그렇지 않으면 입력정보의 과다로 인해서, 정신이 멍해지며 다운되는 증세를 겪게 되기 때문이다.

물론 휴식 자체가 공부의 목적이 되어서는 안 된다. 이렇게 되면 공부 중에도 휴식에 대한 생각으로 머릿속이 가득 차게 되기 때문이다. 즉 적절한 휴식은 중요하지만, 휴식은 공부의 목적에 도달하는 수단으로서만 존재해야 한다는 말이다. 이것을 어기게 되면 휴식에 종속당하는 결과가 초래되고, 결국 공부는 요원해진다. 또 공부가 전제되지 않는 휴식은 휴식을 해도 개운하지가 않다. 왜냐하면 열심히 노력한 사람만이 진정한 휴식의 기쁨도 누릴 수 있기 때문이다.

현재의식도 중요하지만, 보다 핵심은 무의식에 있다는 것을 언제나 기억하라. 그래서 무의식이 해낼 수 있다는 것에 무한한 신뢰를 보내라. 이것은 어떤 일이든 마찬가지이다.

'내가 할 수 있다'는 무의식에 대한 강력한 신뢰는 결국 무의식을 움직여 문제를 해결하게 만든다. 이러한 무의식에 대한 믿음은 때로 도저히 불가능할 것 같은 일을 처리해내는 초능력과 같은 힘을 발휘하기도 한다.

그러므로 현재의식이 무의식을 컨트롤할 수 있다는 오만을 버리고, 현재의식은 무의식의 드러난 수단일 뿐이라는 점을 이해한다면 공부는 훨씬 수월해진다. 또 이와 같은 관점의 정립은 우리를 편안하고 쉬운 공부로 인도한다는 점에서도 중요하다. 결국 공부는 성공을 넘어 나의 행복을 위한 영원의 동반자이기 때문이다.

거시적인 안목으로 안전장치를 확보하라

우주의 눈으로 세상을 보라

공부에 즐거움이 없는 것은 아니다. 그러나 공부에서 발생하는 즐거움보다 스트레스가 더 크기 때문에, 사람들은 공부를 싫어하게 된다. 술을 마시는 것에도 스트레스가 없는 것은 아니다. 그러나 음주에는 고통보다 즐거움이 더 많기 때문에, 많은 사람들이 이것을 선호하는 것이다. 물론 이와 같은 느낌들에는 개인에 따른 편차가 존재하게 마련이다. 그렇기 때문에 술을 안 마시는 사람도 있고, 술에 빠져 사는 사람도 있는 것이 아니겠는가!

　　현대사회를 살아감에 있어서, 굳이 공부가 아니더라도 스트레스를 극복하는 것은 매우 중요하다. 스트레스를 효율적으로 해소하면, 강력한 멘탈을 구축하게 되고 목적에 대한 강한 추진력을 동반할 수 있기 때문이다.

　　전 세계 최고의 자산가로 평가받는 빌 게이츠와 우리의 자산 차이는 실로 엄청나다. 그러나 누군가 태양에서 우리를 보고 있다면 어떤 모습일까? 우리는 모두 한 점 먼지 정도 크기의 지구에 속한, 전혀 구분할 수 없는 존재일 뿐이다.

　　실제로 태양의 시점에서 보면, 60억 인구라는 것 자체도 완전히 무

의미하다. 이는 마치 현미경으로 보면 무수한 세균들이 득실거리는 적자생존의 살벌한 난장판이 현미경에서 눈을 떼면 아무것도 아닌 것과 같다. 이와 같은 관점을 가진다면, 빌 게이츠도 우습고 세상도 우스운 것에 지나지 않게 된다.

    여기에서 더 나아가 우주의 눈으로 볼 수 있다면 어떻게 될까? 이 세계에 진정으로 의미 있는 것이란 존재할 수 있는 것일까? 이와 같은 관점을 확립하는 것은 매우 중요하다. 왜냐하면 세상일이나 공부가 내 뜻대로 이루어지지 않아 미칠 것만 같더라도, 이렇게 거시적인 관점으로 보게 되면 그것은 그야말로 아무 일도 아닌 것이 되기 때문이다.

    우주의 눈을 가지면 성인도 무시할 수 있고 지구도 무시할 수 있다. 아니 태양과 우리의 은하계도 별 볼일 없는 미세한 먼지에 불과할 뿐이다. 이와 같은 생각을 확립하고 있으면, 스트레스 받을 대상이나 일도 없어지게 된다. 즉 일이나 공부가 내 뜻대로 되지 않는다고 하더라도, 자괴감에 빠지지 않은 채 전혀 문제될 것 없이 밀고 나갈 수 있게 되는 것이다.

◇◆◇

하늘눈으로 보면 여유로움이 깃든다

중국 명나라 때의 인물인 왕수인(王守仁, 1472~1529)의 호는 양명陽明이다. 이 사람이 주자학을 압도하는 양명학을 완성하는 인물이다. 어린 시절부터 천재였던 양명이 11세에 지었다는 시에 다음과 같은 것이 있다.

    산근월원각월소山近月遠覺月小
    편도차산대어월便道此山大於月

약인유안대여천 若人有眼大如天
환견산소월갱활 還見山小月更闊

산은 가까이 있고 달은 멀리 있기에 달이 작다고 여겨
사람들은 이 산이 달보다 크다고 말하네.
그러나 만일 하늘과 같은 큰 눈을 가진 이가 있다면
오히려 산은 작고 달이 크다는 것 볼 수 있다네.

같은 내용이지만 어떠한 관점으로 보느냐에 따라서, 인식되는 결과는 완전히 달라지게 마련이다. 그러므로 투쟁적일 때는 미시적으로 보고, 방어기제를 펼칠 때는 거시적으로 보는 두 가지 관점을 모두 확보해둘 필요가 있는 것이다.

공부에도 안전장치가 필요하다

사마천의 『사기史記』에 '교토삼굴狡兎三窟'이라는 말이 있다. 영리한 토끼는 3개의 통로를 만든다는 뜻이다. 토끼는 굴에 살기 때문에 사람이 토끼를 잡을 때 굴 입구에 그물을 치곤 한다. 그러나 영리한 토끼는 다른 탈출구를 2개 더 만들어, 문제가 생기면 우회해서 빠져나갈 수 있도록 한다. 탈출구를 2개로 하지 않는 것은, 상황에 따라서 2곳 모두에 문제가 생기는 경우도 존재하기 때문이다. 즉 2중 3중의 안전장치를 한다는 뜻이다.

공부도 마찬가지이다. 순탄하게 될 때도 있는 반면 쉽지 않은 때도 있게 마련이다. 이때를 대비해서 거시적인 방어기제를 확보해 놓는 것이 필요하다. 세상을 살다보면 당시에는 미치고 죽을 것 같은 일도, 세월이 지나면 추억처럼 잔잔하게 상기해볼 수 있는 일이 되는 경우가 있다. 그러므로 당면한 문제를 극복하는 유려한 정신자세로, 거시적인 안목은 반드시 필요하다고 하겠다.

우주의 눈으로 세상을 보는 것처럼, 우주의 시간으로 세상을 본다면 어떻게 될까? 우주의 시간으로 보면, 46억 년이라는 지구의 나이도 청년에 불과하다. 또 이렇게 놓고 본다면, 젊음을 자랑하는 청춘과 노년의 쇠함이 무슨 차이와 의미를 가질 수 있겠는가?

장자는 「제물론齊物論」에서 "갓 태어나자마자 죽은 아이보다 오래 산 사람이 없고, 800년을 살았다는 중국의 전설적인 장수자 팽조도 오히려 단명한 것"이라고 말하고 있다. 이런 관점으로 시간을 볼 수 있다면, 스트레스가 영향을 미칠 수 있는 조건이 만들어질 수 없게 된다. 공부를 할 때에는 촌음도 아껴 써야 하지만, 뜻대로 안 되었을 때는 우주의 창조도 별 볼 일 없다는 것을 이해할 필요가 있는 것이다.

객관화시킬 수 있는 시각을 가져라

◇◆◇
두 개의 눈과 두 가지의 기억

나는 음악을 들으면서 산행하는 사람을 긍정적으로 보지 않는다. 그 이유는 이 사람은 음악 때문에, 산의 느낌과 정서를 제대로 느낄 수 없기 때문이다. 같은 이유에서 카메라를 가지고 여행을 가는 것에 대해서도 부정적이었다. 그러나 카메라와 관련해서는 뒤에 입장이 180도 바뀌게 되는데, 그것은 카메라에는 카메라의 눈이라는 또 다른 시야가 존재한다는 것을 이해하게 되었기 때문이다.

사람의 눈이 보는 것과 카메라가 보는 것은 약간 다르다. 카메라에는 사진으로 잘 나오는 카메라만의 시각이 존재한다는 의미이다. 예를 들어 파리의 에펠탑을 본다고 치자. 눈으로 볼 수 있는 것과 카메라에 담는 에펠탑의 시야각은 상당히 다르다. 특히 대상물 전체를 안 잘리도록 사진에 담는 것을 좋아하는 동아시아인들의 특징과 사진을 예쁘게 찍으려는 노력이 있다면, 반드시 눈으로 보는 것과는 다른 각도를 잡아야만 한다.

이처럼 카메라는 눈과는 다른 새로운 시야각으로 대상을 보게 한다는 점에서 매우 유용하다. 즉 카메라를 가지고 가면, 에펠탑을 '육안'과 '카메라'라는 두 가지의 시야로 볼 수 있는 것이다. 또 이 과정에서 카메라의 객관성이 내 눈에 동반되는 필연적인 주관성을 수정해준다. 이외에도 사진을 찍다보면, 자기가 찍은 사진이 다른 사람의 사진에 섞여 있어도 귀신같이 찾아내게 된다. 이는 카메라와 관련된 각각의 시각이 다르기 때문에 발생하는 현상이다.

하나만 아는 것은 하나조차 모르는 것이 되기 쉽다

공부 역시 마찬가지이다. 자신의 주관 속에서 타자화시키는 관계를 만들지 못하면, 공부의 역량 역시 제한될 수밖에 없다. 그러므로 효율적인 공부법에는 인간의 눈과 같은 주관적인 눈 외에도, 카메라의 시각과 같은 객관적인 눈이 요청되는 것이다. 또 이렇게 되면 이중적인 작업으로 인해서 당연히 기억도 증대될 수밖에 없다.

공부를 함에 있어서 하나의 시각에 매몰되는 것은 상당히 위험한 동시에, 스스로의 가능성을 손상시키는 행동이다. 하나만 아는 것은 하나조차 모르는 것이 되기 쉽기 때문이다. 그러므로 공부하는 사람은 언제나 유연한 관점을 가지고 끊임없는 변신의 자세를 견지해야만 한다. 마치 카멜레온이 끊임없이 자신의 색을 바꾸면서 보호색을 유지하듯이, 공부하는 사람 역시 매순간을 새롭게 하면서 현재를 떨치고 나아가야만 한다. 이와 같은 변화만이, 고착을 넘어선 영원이라는 새로운 가능성을 부여하기 때문이다.

흐르지 않는 물은 물이 아니며, 사유하지 않는 정신은 죽은 정신일 뿐이다. 이런 점에서 올바른 공부는 정당한 삶의 투쟁이 되는 것이다.

나를 설득하는 것이 관건이다

우리는 왜 다이어트에 실패하는 것일까?

흡연자가 금연의 의지를 다져도 금연하기 힘든 이유는 무엇일까? 그것은 오랫동안 자신이 쌓아온 에너지의 총량보다, 더 많은 반대에너지를 만드는 일이 쉽지 않기 때문이다.

　　　　태어날 때부터 담배를 피운 사람은 없다. 즉 바꿔 말하면 흡연 역시 자신의 선택이고 지난한 노력의 결과라는 말이다. 이것이 어떻게 하루아침의 의지로 바뀌겠는가! 제아무리 강력한 의지가 있다한들, 단기간에 영어를 마스터할 수는 없는 것이 아닌가? 이것은 누가 봐도 견적이 안 나오는 일이다.

　　　　현대인의 가장 큰 화두 중 하나인 다이어트 역시 마찬가지이다. 신체 안에 아이언맨의 아크로 원자로와 같은 것이 없는 한, 적게 먹고 많이 운동해서 들어오는 것보다 소모되는 에너지량을 많게 하면 다이어트는 반드시 성공한다. 그러나 현실이 그렇지 못한 것은 오랫동안 생활해 왔던 누적된 습관이 하루아침에 바뀔 수는 없기 때문이다. 그러므로 불굴의 의지를 다져서 일시적으로 다이어트를 성공하더라도, 다시금 요요라는 거대한 쓰나미의 후폭풍에 직면하게 되는 것이다.

우리 몸을 주식회사라고 생각하면 이해하기가 쉽다. 다이어트란 많이 먹고 덜 움직이는 생활습관이 절대다수의 대주주인 상황에서, 적게 먹고 많이 움직이는 쿠데타를 감행해야 하는 상황이다. 기습적이고 불타오르는 의지에 의해서 잠깐 성공할 수는 있지만, 결국 대주주들이 동의하지 않기 때문에 김옥균의 삼일천하로 끝이 날 수밖에 없는 것이다. 그리고 이후 대대주의 지배력은 더욱 강력해진다. 요요현상이 바로 그것이다. 대주주의 입장에서는 더 이상의 쿠데타는 용납될 수 없기 때문이다.

그렇다면 어떻게 하면 성공할 수 있을까? 이에 대한 해법이 '강력한 의지'와 '장기간에 걸친 반복'이라는 점 역시 우리는 익히 잘 알고 있다. 그러나 현실에서 이것은 결코 쉽지 않다. 그렇기 때문에 이 방법은 해법인 동시에 곧 오답이 될 수밖에 없다. 즉 최소한 우리는 답을 몰라서 실패하고 있는 것은 아닌 것이다.

◇◆◇
내면의 안티를 정리하라

명상이란 정신에너지를 응축하는 모든 효율적인 방법에 대한 통칭이다. 여기에서 당연히 중요한 것은 뚜렷한 목적과 집중이다. 그러나 제아무리 강력한 에너지를 만들어낸다고 하더라도, 힘으로 지배하려고 하면 실패하게 마련이다. 노자는 '굵은 빗방울은 한나절을 넘기지 못하고, 태풍은 오래 계속될 수 없다'고 했다. 즉 강력한 에너지를 만드는 것도 중요하지만, 때론 이것을 유지할 수 있느냐가 더 큰 관건인 것이다.

한고조 유방은 원래 농네 건달 출신으로, 천하를 통일해서 황제에 오른 인물이다. 황제가 된 이후에는 기고만장해서 매일같이 대전에서 연회를 베풀며, 개국공신들과 더불어 진탕 먹고 마시며 즐기곤 하였다. 이때 유생인 숙손통叔孫通이 찾아온다. 당시 유방은 전쟁과정을 통해, 유생들을 쓸모없는 존재라고 판단하고 있었다. 그래서 숙손통의 머리 위 관冠을 벗기고 그 속에 오줌을 쌌다. 황제의 행동치고는 역사상 유래가 없는 파격적인 행동이 아닐 수 없다. 그러나 숙손통은 이와 같은 모욕 속에서도, 당황하지 않고 단 한 마디로 안하문인의 유방을 제압했다. "말 위에서 천하를 얻을 수는 있지만, 말 위에서 천하를 다스릴 수는 없습니다." 사마천의 『사기』에 나오는 이 이야기는 당태종 『정관정요貞觀政要』의 "성공을 이룩하는 것보다 그것을 지켜내는 것이 더 어렵다"는, '창업創業보다 수성守城이 중요하다'는 말을 상기시킨다.

강력한 의지를 만들어내는 것은 쉬운 일이 아니다. 그런데 의지를 세웠음에도 실패하고 '내가 하는 게 원래 그렇지'라는 자괴감의 결과를 맺게 되면, 그 다음부터는 의지 자체가 수립되기 어렵다. 사실 사람들은 강한 의지가 관건이라고 생각하지만, 나를 바꾸는 것은 내면에서 의지를 약화시키는 나쁜 습관인 안티세력을 무력화시키는 것이 더 중요하다. 이와 같은 해법의 산출자가 바로 고려 태조인 왕건이다.

왕건은 29명의 부인을 두었다. 다소 과한 것 같기도 하지만, 이것이 왕건으로서는 최선의 선택이었다. 상대를 무시하지 않고 배려하면서 감싸 안으려는 자세, 이것이 중요한 핵심이다. 나의 잘못된 습관도 내가 만들어낸 나의 에너지라는 점을 인정할 필요가 있다. 그리고 전문경영인이 대주주를 설득하듯이 차분히 설득하려고 해야만 한다. 억누르려고 하거나 일시에 잘라버리려고 하면, 내면에 강력한 반발 에너지가 발생하면서 노력은 실패하게 된다. 그러므로 고요히 정신을 안정시킨 상태에서, 왜 방향이 바뀌어야 하는지를 스스로 반복해서 설명해줄 필요가 있다. 이것이 바로 습관을 바꾸는 명상이다.

기차 안에서 음식판매 카트가 지나갈 때, 먹을 것을 사달라고 떼쓰는 아이들을 종종 볼 수 있다. 이때 엄마가 시끄러운 것을 일시 잠재우기 위해, '다음에 오면 사줄게'라고 거짓으로 회피하게 되면 문제는 계속 반복된다. 그리고 나중에는 엄마에 대한 신뢰감마저 무너지고 만다. 그러나 잘 못 알아들을 것 같은 어린아이라도, 엄마가 너를 사랑하지만 왜 지금 여기서 너에게 사줄 수 없는지를 차근차근 얘기해 주면, 아이는 신기하게도 더 이상 요구하지 않는다. 의외로 이런 일은 우리 주변에서 굉장히 많이 발생한다. 즉 설명을 통한 납득이 통하는 것이다.

어떤 상황에서도 자기 자신과 충돌해서는 안 된다. 통일되어 협조가 잘 되는 상태에서도 뛰어난 상대를 이기는 것은 어려운 일이다. 그러므로 내면에 또 다른 반대의 나를 상정하고 자근자근 타당성을 설명하라. 이것이 반복되면 최소한 내면의 안티는 사라지고, 더 나아가 반대의 에너지들도 긍정의 에너지로 변모하게 된다. 즉 에너지가 잘못된 것이 아니라, 그것을 사용하는 방향이 문제라는 점을 인식할 필요가 있는 것이다.

공부에도 새옹지마塞翁之馬가 있다

기억력이 없으면 새로운 구상을 하기가 쉽다

고려대에서 박사논문을 쓰다가 21일간 인도를 갔다 온 적이 있었다. 그런데 문제가 발생했다. 인도를 갔다 오니, 쓰던 논문의 흐름과 내용이 잘 기억나지 않는 것이다. 결국 맨 앞부터 다시 읽어가며 새롭게 정리하고 나서야 겨우 마칠 수 있었다.

표절한 것도 아니고 내가 구상을 잡아서 쓴 글을, 내가 다시 읽으면서 정리해야 한다는 건 여간 곤혹스러운 일이 아니다. 그 뒤로는 논문 작업 중에는 긴 일정은 가지 않거나, 부득이 가게 될 상황이면 어떻게든 단계별 정리를 완성해놓고 갔다 온 뒤에 작업이 연결될 수 있도록 하는 방식을 취하게 되었다.

살면서 기억력이 떨어져 불편함을 겪은 적이 한두 번이 아니다. 그러나 과연 이것이 진짜 불편하기만 한 것일까? 이에 대한 고민을 가장 많이 한 것은 고등학생 때였다. 그리고 결론은 예상외로 전혀 그렇지 않을 수도 있다는 것이었다.

1년에 나만큼 많은 글을 쓰는 사람도 없지 싶다. 나는 1년에 A4용지 기준 한 뼘 이상의 논문 작업을 한다. 그것이 매년 가능할 수 있는 것은 내가 잘 잊어버리기 때문이다. 그렇기 때문에 오히려 새로운 것을 채울 수 있게 되고, 그 결과가 계속되는 새로움을 파생할 수 있는 것이다.

재밌는 이야기를 해보면, 나는 컴퓨터 자판을 열 손가락으로 치지 못한다. 흔히 말하는 독수리 타법인 것이다. 사람들은 '독수리가 어떻게 그렇게 많은 작업을 할 수 있느냐'고 묻는다. 그러나 정답은 바로 독수리이기 때문이라는 것이다. 나는 독수리이기 때문에 채팅 같은 것을 하지 못한다. 이유는 채팅은 순간 호흡이 빠르기 때문에 한 박자 늦은 독수리는 같은 호흡을 공유할 수 없다. 덕분에 채팅에 빠질 위험성이 없게 된다.

또 독수리는 타인의 글을 표절하기가 어렵다. 독수리로 치는 사람은 열 손가락으로 치는 사람과는 달리 원본과 자판을 계속 교대로 봐야만 한다. 덕분에 A4 반쪽 정도를 치게 되면 머리가 아파오기 시작한다. 결국 상대의 지식이 필요하면, 관련 내용을 읽고 머릿속으로 재정리해서 자판만 보고 생각해서 치는 방식으로 진화하게 되는 것이다. 이것은 표절을 넘어 지식을 내면화시키는 한 요인이 되기도 한다. 즉 독수리만의 장점인 것이다.

이외에도 독수리는 오타율이 극히 적다. 열 손가락으로 치는 사람에 비해서 10~20분의 1정도라고 보면 될 것이다. 자판을 계속 눈으로 보고 있으니 오타가 적은 것은 당연하다. 덕분에 교정시간이 대폭 절감된다. 이렇게 놓고 본다면, 단점이 곧 그대로 장점이 된다는 것을 알 수 있다. 즉 새옹지마인 것이다.

기억력이 없으면 새로운 구상을 하기가 쉽다. 즉 무엇에 걸려서 스스로의 한계를 금 긋는 행위가 줄어들게 되는 것이다. 또 같은 이유로 선행

연구들을 보았을 때, 강력한 권위자의 위압감으로부터도 쉽게 해방될 수 있다.

새로운 분야를 접했을 때, 사람들은 처음으로 접하는 자료가 대가의 것이 되는 것이 바람직하다고 생각한다. 그러나 이는 스스로의 자생력을 죽이는 것이라는 점을 간과하고 있다. 왜냐하면 그 사람의 견해에 압도되어 새로운 견해를 제시하기가 어렵게 되기 때문이다.

그러나 기억력이 떨어지면 이와 같은 무서운 거미줄로부터 의외로 쉽게 탈출할 수 있다. 이런 점에서 본다면, 나와 같은 종교나 철학적인 공부를 하는 사람들은 오히려 기억력이 없는 것이 더 축복이라고 할 수 있다. 물론 나는 기억력이 없기 때문에, 현재와 같은 분야를 선택하고 있는 것이라는 점 역시 간과해서는 안 된다. 즉 내가 가진 능력대비 가장 효율성이 높은 영역 속에 존재하는 것이다. 이렇게 되면 누구라도 쉽게 무너지지 않는다.

◇ ◆ ◇
느낌과 이미지를 기억하라

나는 책을 읽을 때면, 반드시 포스트잇을 붙여서 어디까지 읽었는지를 표시한다. 잘못해서 다른 일을 하다 보면, 어디까지 읽었는지 기억나지 않기 때문이다. 어렸을 때는 이런 상황 때문에 '굳이 책을 읽을 필요가 있을까'라는 생각까지도 했었다. 그러다가 떠올린 생각이 '무의식은 기억한다'는 것이다. 즉 현재의식은 기억하지 못하지만, 무의식은 어떻게든 저장한다는 말이다. 단지 이것을 어떻게 현재의식으로 끌어내는지 알 수 없다는 것이 문제일 뿐이다.

여기에서 한 걸음 더 나아가, 나는 굳이 무의식의 기억을 끌어낼 필요가 있을까에 대해서도 생각하게 되었다. 사이다를 컵에 따르면 탄산가스가 기포가 되어 떠오르듯, 많이 저장하다보면 어떤 방식으로든 회전해서 떠오르게 될 것이라고 생각한 것이다. 즉 지식의 포화상태를 만들어 보자는 생각이었다. 그래서 그 다음부터는 이해가 되든 안 되든 계속해서 무지막지하게 읽어갔다. 그렇다고 이러한 정보들을 체계적으로 정리한 것도 아니다. 실제로 대상은 무의식이라 이것이 불가능하기도 하지만, 여기에는 미치기 싫다면 어떤 방식으로든 입력된 정보가 정리될 수밖에 없다고 판단했던 점도 존재한다. 물론 나와 같은 방식을 유지하기 위해서는 자신의 판단에 대한 확신과 단순무식에 따른 우직한 반복과정이 필요하다.

약 3년 정도가 흘러 3,000권 정도를 읽게 되자, 재밌는 일이 일어났다. 혼란 속에서 모종의 법칙성들이 존재하게 된 것이다. 이것은 이후 내가 '이미지 기억법'을 만들게 되는 한 요인이 된다.

이미지 기억법이란, 사람을 만났을 때 이름이나 그 사람의 정보를 기억하는 것이 아니라 그 사람의 느낌을 기억하는 방식이다. 즉 책의 내용이 아닌 느낌을 기억하는 방식인 것이다. 내용에 대한 기억과 느낌에 대한 기억은 저장하는 방식이 완전히 다르다. 우리는 사람을 기억할 때, 사건이 아닌 그 사람과의 관계 속에서 정리된 이미지를 기억하곤 한다. 이것은 마치 컴퓨터의 프로그램에서 도스와 윈도우의 차이라고 할 수 있겠다.

사실 나는 윈도우를 처음 접했을 때, 세상에 나와 같은 생각을 하는 사람이 또 있구나 하는 생각을 했었다. 물론 나는 빌 게이츠와 같이 창의적이고 머리가 좋은 사람은 아니다. 그러나 내가 생각한 이미지 기억법의 구조는 윈도우 방식과 상당히 닮아 있었다. 다만 다른 것은 내 기억법이 훨씬 더 다양한 아이콘으로 윈도우보다 화려하게 되어 있다는 점이다. 왜냐하면 우리가 느끼는 이미지의 영역은 윈도우의 제한적인 측면보다는 훨씬 광활한 영역이기 때문이다. 즉 무한한 이미지에 따른 아바타나 이모티콘 만들기라고 하면 이해하기 쉬울 것이다.

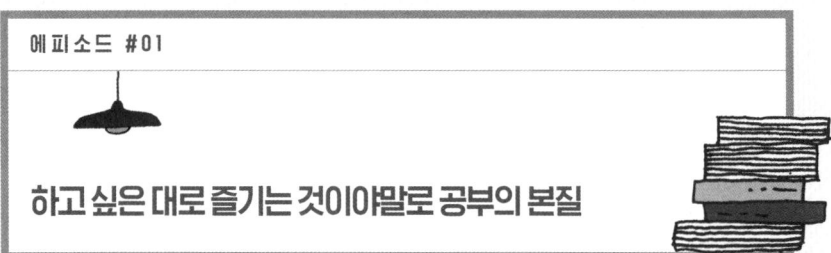

하고 싶은 대로 즐기는 것이야말로 공부의 본질

4개의 박사? 그래봐야 불교지!

난 4개의 일반대학원 박사학위를 가지고 있다. 그것도 전공이 모두 다르다. 첫 번째 박사학위인 성균관대 동양철학과에서 연구한 것은 붓다 당시의 인도불교였다. 두 번째 학위인 동국대 미술사학의 연구주제는 한국불교의 고건축에 대한 것이었다. 세 번째 학위인 고려대 철학과에서는 다룬 주제는 선불교와 관련된 사상문제였다. 그리고 마지막 네 번째 학위는 동국대 역사교육과에서 한국 고대사를 다루었다.

또 나는 중국이나 일본 또는 중앙아시아와 관련된 논문을 쓴 적도 있으며, 유교나 화론畫論에 대한 논문도 발표했다. 현대와 같이 세부적인 학문을 중시하는 사회에서, 이 정도 범위를 다루는 것은 상당히 이례적이다. 그렇기 때문에 나를 비판하는 분들은 '저 사람은 도대체 전공이 뭐냐?'고 말하곤 한다.

하루는 정년을 앞둔 교수스님에게, 전공 문제에 대한 주변의 비판을 하소연했다. 그러자 그 스님 왈, "그래봐야 불교지, 뭐요. 스님이 지금 동떨어진 전공을 하고 있는 것도 아니잖아요?" 하신다. 그러네. 맞는 말이다.

현대의 공부법과 동양의 공부법

요즘은 공부하는 방식이 서구적으로 바뀌어 세부전공을 중요시한다. 그러나 동양의 전통적인 공부법에서는, 관련 분야를 통체적으로 아는 것이야말로 진정한 공부이자 공부인의 자세였다. 이것은 동서문화에 따른 관점 차이와 연관된다.

동양의 수묵화는 일회성이며 통체적이다. 그러나 서양의 유화는 지난한 노력의 결과물이다. 수묵으로 난을 친다고 생각해 보자. 그것은 붓과 작가의 손놀림이 만들어내는 순간적인 완성이며, 수정이 불가능한 통체적인 결과물이다. 이에 반해서 유화는 끊임없는 수정이 가능하다. 즉 부분적인 노력의 합이 유화인 것이다.

이와 같은 두 문화권의 차이가 학문적으로는 세부전공을 따지는 것과 통체적으로 전부를 아느냐의 문제로 드러난다. 덕분에 오늘날 나와 같은 동양적인 공부인은 전공이 불분명한 사람으로 치부되곤 한다. 그러나 현대는 전공 영역이 파괴되는 융·복합의 시대이자 학제적 연구가 권장되는 시대이다. 이것은 이제 동양의 공부법이 부활한다는 것을 의미한다.

전공파괴가 아니라, 원래 학문에 분절된 전공 영역이란 존재하지 않는 것이다. 이것은 마치 토지를 인간들이 상업지역이나 농업지역으로 구분하는 것과 같다. 그것은 인위적으로 가설된 것이며, 필요에 따라서 변하는 가변적인 것에 불과할 뿐이다.

세상을 반 보 앞서가면 사는 것이 편해지고 삶이 윤택해진다. 이런 점에서 평생공부와 통체적인 공부법에 대한 인식은 반드시 환기될 필요가 있다.

종합시험 떨어지기

나는 영어 능력이 약하다. 유학을 한 적도 없고, 또 불교공부를 하는 과정에서는 영어에 대한 필연성이 없기 때문이다. 사실 언어는 생활과 관련된 것이기 때문에, 어려서부터 외국에 자주 나가면 저절로 해결되는 부분이 있다. 그래서 외국어 특히 영어는 경제력과 비례하는 경우가 많다. 그러므로 우리 사회가 영어 능력에 초점을 맞추어 사람의 실력을 평가하는 것은 잘못이라는 생각을 하곤 한다.

그런데 재미있는 것은 나는 영어와 외국어시험에서는 단 한 번도 떨어진 적이 없다는 것이다. 모든 대학원의 통과시험에는 외국어가 존재한다. 석사는 영어가 필수이고 박사는 영어에 제2외국어가 추가되는 경우가 있다. 이런 점에서 본다면, 나의 외국어 시험 결과는 붓다의 종교적인 가호라고 할 수 있는 수준이다.

그리고 더 흥미로운 것은 나처럼 전공에 강한 사람이 의외로 종합시험, 즉 전공시험에서 떨어진 경험이 있다는 것이다. 사실 이 얘기를 해주면, 다른 분들은 '설마 스님이?'라는 반응을 보이곤 한다. 논문을 많이 쓰는 사람은 해당 전공에 무척 강한 사람이다. 이런 점에서 내가 종합시험에 떨어진다는 것을 좀처럼 이해하지 못하는 것이다.

나는 의외로 스릴을 즐기는 성격이다. 그래서 종합시험도 랜덤으로 내 실력을 테스트해보는 과정으로 삼곤 한다. 그러다가 연거푸 한 과목을 계속해서 떨어지는 재미있는 일을 겪게 된다.

대학교수 중에는, '저 분은 교수 아니면 뭐 해먹고 살았을까?' 싶은 분들이 간혹 있다. 말 그대로 대학이 사람 하나 구한 것이다. 보통 전공시험은 전공주제에서 가장 대표적인 문제를 내는 것이 일반적이다. 그런데 이 분은 전혀 엉뚱한 것을 내는 것으로 유명했다. 예컨대 『흥부전』이 시험 주제라면, 이 분은 '제비가 물어온 박 속에서 나온 여성의 심성구조'와 같은 것을 문제로 내는 아주 창의적이고 독특한 분이다. 해서 학생들은 이 분 문제는 선택하지 않는 것이 암묵적이었다.

그런데 나로서는 이 분의 행동이 매우 흥미로웠다. 해서 선택을 했는데, 아니나 다를까 해당 전공과 별 관계도 없는 세부적인 문제가 나왔다. 나는 100분 동안 잠깐도 머뭇거리지 않고 A3사이즈 시험지 6쪽 분량을 적었다. 그리고 떨어졌다. 그리고는 다음 학기에 또 신청했는데, 또 떨어졌다. 그리고는 웃으면서 포기했다. 세상에는 도저히 어떻게 할 수 없는 상황도 있는 것이다.

그러나 나는 시험결과가 짜증나지는 않았다. 그것은 또 다른 재미였기 때문이다. 나는 공부를 위해서 공부하는 사람이 아니라, 호기심에서 공부하는 사람이다. 그러므로 나에게 있어서 공부는 취미이지 직업은 아니다. 이것은 종합시험도 마찬가지이다. 그렇기 때문에 나는 공부나 시험에 대한 스트레스를 받지 않는다. 즉 다른 사람이 보기에는 내가 공부하는 것으로 보이지만, 실제로 나에게 있어서 이것은 유희이며 즐거움일 뿐이다. 이와 같은 자세가 중요하다.

수단으로서의 공부는 오래가지 못한다. 이런 점에서 평생공부를 목적으로 한다면, 유희의 자세야말로 반드시 확립해야 하는 핵심이라고 하겠다. 즉 시험은 짜증나는 것이지만 유희는 즐거운 것이며, 유희 안의 시험은 즐거운 짜증일 뿐이라는 말이다.

Chapter 02

상식을 깨야
역전할 수 있다

바뀔 수 있는 것에 집중하라

◇◆◇
현재 안 되는 것이 죽은 뒤에는 될 수 있을까?

내가 고등학생 시절 불교공부를 한 계기는 머리를 틔우는 방법을 강구하는 과정에서였다. 유교나 도가 및 제자백가의 문헌들은 분량이 많지 않기 때문에, 읽어 보는 것 정도는 크게 오래 걸리지 않는다. 이는 기독교나 이슬람, 또는 다양한 신비주의에 대한 문헌들도 마찬가지이다.

나는 '안에서 새는 바가지가 밖에서도 샌다'는 속담에 동의한다. 그래서 삶에서 해결 안 되는 문제가 죽어서 천국이나 지옥을 통해 급격하게 상황이 바뀔 것이라는 주장은 신뢰하지 않는다. 또 나는 현실적인 것을 좋아하기 때문에, 현재의 삶을 죽은 뒤의 불확실성에 투자할 필연성도 느끼지 못한다.

고등학생 시절의 나는 도교와 신선사상을 좋아했는데, 신선이 과연 머리가 좋은지는 알 수 없었다. 수백 년씩 바둑이나 두는 설정은 분명 머리 좋은 인간의 삶은 아니었기 때문이다. 또 죽지도 않고 바둑만 두는 것은 이상향이 아니라, 지옥의 다른 모습일 수도 있다는 생각을 하기도 했다.

그리고 신선들은 대다수가 머리가 벗겨진 대머리에 배가 나온 모습으로 묘사된다. 요즘 표현으로 하면 '저주받은 몸'인 것이다. 이렇게 표현되는 이유는, 신선은 양기陽氣가 충만해서 기운이 위로 솟구치기 때문에 대머리가 되고, 단전호흡을 하는 과정에서 배가 나온다고 생각했기 때문이다. 현대에도 '대머리가 정력이 좋다'는 말이 있는데, 이 역시 이와 같은 연장선상에서 파생된 낭설에 불과하다.

그런데 이런 저주 받은 몸으로 죽지 않고 오래 사는 것이 과연 좋은 것일까? 글쎄다. 또 나도 이제는 나이를 먹다보니, 저절로 신선스타일이 되고 있다. 현대인들은 이미 신선스타일을 풀옵션으로 갖추고 태어나 있는 것이다.

◇◆◇
깨달으면 머리가 좋아질까?

불교의 깨달음은 과연 어떨까? 결론부터 말하면 대승불교의 보살은 판단이 불가능하지만, 초기불교의 이상적인 인격인 아라한은 머리가 좋아지는 것과는 무관하다. 이는 주리반특을 통해서 확인해 볼 수 있다.

주리반특은 '작은 길(小路)'이라는 뜻인데, 어머니가 작은 길에서 낳았기 때문에 이런 이름이 붙여졌다. 그런데 당시 아이를 낳을 때 문제가 있었는지, 주리반특은 요즘으로 치면 지적 장애인이었다. 결국 아무리 노력해도 시(게송) 한 구절을 외우는 것이 전부였다. 그렇지만 붓다가 좋은 방법으로 지도해 주어 주리반특은 마침내 깨달음에 이르게 되고, 신통으로는 목건련 다음으로 능력이 대단했다. 그런데 깨달음을 얻고 난 후에도 주리반특은 한 구절 외에는 암송하지 못했기 때문에, 법문을 듣는 비구니 스님들이 꺼려했다는 내용이 기록되어 있다. 즉 초기불교에서 말하는 깨달음인

아라한과를 증득하는 것은 인간의 행복과 관련된 것일 뿐, 기억력이 좋아지는 것은 아니라는 말이다.

실제로 붓다의 제자 중 가장 머리가 좋은 사리불은 출가하기 전부터 천재의 면모를 유감없이 발휘하고 있다. 사리불은 친구인 목건련과 함께 출가하는데, 이들의 깨달음에 대한 기록은 흥미로운 사실을 전해주고 있어 주목된다. 사리불은 목건련과 비교도 안 되는 총명한 머리를 가진 인물임에도 아라한과의 성취에는 보름이 걸린 반면, 목건련은 7일이 걸린 것으로 기록되어 있기 때문이다. 이는 초기불교에서 깨달음과 지능은 상호 논리적 층위가 다르다는 점을 명백히 보여준다.

실제로 오래 수행한 분을 만나보거나 여러 종교인들을 대해 봐도, 더 신실信實한 이를 볼 수는 있어도 나이 들수록 머리가 좋아지는 사람은 본 적이 없다. 즉 지금까지 인류가 발견한 명상과 종교적인 방법이 인간의 기억력과 같은 지능을 확대하는 것은 아니라는 말이다.

◇◆◇
바꿀 수 있는 것에서 시작하라

세상에는 쉽게 바뀌는 것과 잘 바뀌지 않는 것이 있다. 그것은 인간도 마찬가지이다. 생각이야 쉽게 바뀔 수 있지만, 피부색과 같은 외모는 좀처럼 바뀔 수 있는 가치가 아니다. 이와 같은 이중성은 우리의 정신에도 그대로 적용된다.

정신에도 화장化粧과 같은 꾸밈의 기술이 필요하다. 화장은 변화시킬 수 있는 가능성에 집중하고, 그것의 최대치를 끌어올리는 기술이다. 이와 같은 변화의 기술이 정신에도 필요한 것이다. 쉽게 비껴지 않는 부분과 충돌하는 것은 무모한 노력인 동시에 효율성이 떨어진다. 그러므로 나를 관조해서, 바꿀 수 있는 부분과 바꿀 수 없는 부분을 이해하는 것이 중요하다. 그리고 쉽게 바뀌지 않는 부분에 대해서는 충돌을 자제해야만 한다.

가진 능력이 적은 상황에서 내적으로 자중지란까지 발생하게 되면, 경쟁자를 이길 수 있는 확률은 없다. 그러므로 바꿀 수 있는 부분은 개선하고, 바뀌지 않는 부분은 끌어안고 가는 방식을 강구해야만 한다.

식욕이나 색욕과 같은 인간의 근본욕망을 바꾸려고 하는 것은 수십억 년의 진화결과인 유전자에 대한 반란이다. 그러므로 이것이 성공할 확률은 거의 없다. 수년 동안 피운 담배를 끊는 것도 쉽지 않은데, 하물며 수십억 년의 결과를 뒤집는다는 것이 가능할 수 있을까? 그러므로 이는 득이 없는 위험한 충돌이며 내적인 분열만을 파생할 뿐이다.

바뀌지 않는 부분은 인정하고 승화할 수 있도록 해야 한다. 그리고 바꿀 수 있는 쉬운 부분부터 조금씩 노력하는 자세를 견지할 필요가 있다.

현재의 나를 직시하라

자신의 현 상태를 이해하고 솔직해져라

바둑에는 옆에서 구경을 하게 되면 자신의 실력보다 1급이 더 높아진다는 말이 있다. 내 게임이 아니기 때문에 객관적인 시각으로 전체 판을 볼 수 있기 때문이다. 주식을 하다가 손해를 보는 사람들 중에는 작게 할 때는 이익을 내다가, 점점 자신감이 생기자 크게 해서 망하는 경우가 있다. 이익과 욕심이 눈을 가려 현실 판단이 흐려진 결과이다. 즉 객관화할 수 있게 되면, 자신이 소유한 능력의 효율성이 증대한다는 말이다.

　또 객관화가 필요한 이유는 자신의 입장과 처지를 분명히 파악해 볼 수 있기 때문이기도 하다. 한 언론사에서 나에게 원고를 요청하면서, 그곳에 글을 실었다가 유명해진 사람의 얘기를 해주었다. 그러면서 '스님도 그렇게 될 수 있으니 성의껏 써보라'는 당부의 말을 했다. 나는 곧바로 '저는 그런 운은 없는 사람입니다'라고 답했다. 나는 이런 부분에서는 내 분수를 잘 안다. 그럼에도 성실하게 임하는 것은 내 스스로 소홀하지 않기 위함이지, 그런 운 따위를 목적으로 하는 것은 아니다.

　자신을 계발하기 위해서는 자신에게 쓰인 허상을 벗어던지는 것이

중요하다. 인간은 누구나 주관적인 판단을 할 수밖에 없다. 그렇다보니 자신의 목소리를 자기가 들을 때 타인이 듣는 것과는 다르게 들리는 것처럼, 주관적인 착각과 판단에 빠질 수밖에 없다. 그러므로 이 부분을 최대한 벗겨내는 솔직함이라는 작업이 필요하다. 왜냐하면 이와 같은 내적 비판이 작동할 때라야만, 나의 현 상황이 가장 분명하게 드러날 수 있기 때문이다.

신이 인간에게 '남보다 잘하는 걸 하나씩은 줬다'는 말은 희망사항일 뿐 사실이 아니다. 그러므로 내가 남보다 잘하는 것을 찾는 것이 중요한 것이 아니라, 내 현 상태를 이해하는 것이 더 중요하다. 그래야만 내가 가진 부분들을 조합시켜, 가장 효율적인 측면을 도출해 내는 것이 가능하기 때문이다.

『한비자韓非子』에는 군주와 재상의 승마경주에 대한 이야기가 수록되어 있다. 재상은 세 차례의 시합에서 언제나 세 번 모두 졌다. 재상의 에이스 말은 군주의 에이스 말을 이길 수 없었고, 차례로 B급과 C급 말도 그랬기 때문이다. 재상이 한비에게 자신이 이길 수 있는 조언을 구했을 때, 한비는 아주 간단한 조건의 재구성으로 재상이 승리할 수 있도록 해주었다.

그것은 대진표를 A-A B-B C-C에서 A-C B-A C-B로 바꾼 것이 전부였다. 그런데 이렇게 되자 첫째 경주에서는 큰 차이로 졌지만, 둘째와 셋째 경주에서는 근소한 차이로 이길 수 있었다. 즉 2승 1패로 재상이 승리하게 된 것이다. 승마경기에서 출전 말이 변한 것은 아무것도 없다. 즉 조삼모사朝三暮四인 것이다. 그럼에도 조합의 효율성에 의해서 승패의 결과는 완전히 달라졌다. 이와 같은 조합의 효율성을 찾는 것이 중요하다. 그리고 그러기 위해서는 먼저 자신이 가진 것에 대해서 보다 솔직해질 수 있어야만 한다.

'부러우면 지는 것'이라는 말이 있다. 그러나 이렇게 말하는 것 자체가 이미 진 것을 의미하는 것은 아닐까? 차라리 부러워하는 것을 인정하고, 그렇지만 그것은 내 것이 될 수 없다는 명쾌한 금을 긋는 것이 더 현명한 것이 아닐까? 또 여기에는 부러움이야말로 인간 발전의 원동력이라는 점도 유의할 필요가 있다.

◇◆◇

나를 위한 공부의 미덕

젊어서는 '나도 누구의 자식으로 태어났으면' 또는 '나도 누구와 같은 위치에 있었으면'과 같은 가정법으로 시간을 보내는 경우가 있다. 그러다가 나이 들어서는 '10년만 젊었으면'이라고 한탄하기도 한다. 그러나 이것은 죄다 부질없는 짓이다. 부러워한다고 닮아질 일은 없고, '10년만 젊었으면'이라고 생각하는 그 순간에도 젊음은 모래시계 속의 모래알처럼 사라지고 있기 때문이다. 그러므로 나에게 주어진 현재의 조건 속에서 내 길을 찾는 것이야말로 가장 중요하고 시급한 일이다.

우리는 전 인류의 역사에서 가장 긴 노년을 보내야 하는 시대를 살고 있다. 100세 시대에는 50년이 노년이다. 주자는 「권학문勸學文」에서 "소년은 늙기 쉽고 학문은 이루기 어렵다"고 했지만, 현대는 '소년은 늙기 쉽지만 죽음은 이루기 어려운 시대'가 된 것이다.

문화재청장을 역임한 『나의 문화유산 답사기』의 저자 유홍준 선생이, 대학 정년 무렵이 되어 시골에 땅을 샀다고 한다. 정년퇴직 이후에 전

원생활을 하고 싶어서였다. 시골은 도시와 달리 폐쇄적이기 때문에, 친밀도를 높이기 위해서 마을 이장을 찾아가 어떤 모임에 가입하고 싶다고 했다. 그러자 이장은 나이를 묻고 60이 넘었다고 답하자, 그럼 청년회에 가입하라고 했다고 한다. 이것이 오늘날 우리가 사는 늙음의 시대인 것이다.

오늘날은 스스로가 자신의 길을 찾지 못하면, 노년은 너무나도 길고 애달프다. 『법구경法句經』의 명언처럼, "잠 못 이루는 이에게 밤은 길고, 지친 이에게 길은 더욱 멀게 느껴지는 것"이다. 이것이 평생공부가 필요한 이유이며, 자신만의 공부법을 체득해야만 하는 당위성이다. 나를 위한 공부의 미덕은 젊어서는 투쟁에서 승리할 수 있도록 해주며, 노년에는 편안하고 유원悠遠한 관점을 가지게 해준다. 마치 어려서 배운 언어가 평생의 반려가 되는 것처럼 말이다.

중국의 대표적인 문인 임어당(林語堂, 1895~1976)의 『생활의 발견』을 보면, 나이 마흔이 되기 전에 세 가지 취미를 만들라는 것이 있다. 그렇지 못하면 노년에 반드시 후회하게 된다는 것이다. 현대와 같이 노년이 긴 시대에 있어서, 이처럼 절실하고 좋은 말도 없는 것 같다.

취미에는 두 가지가 있다. 첫째는 타인과 함께하는 것이며, 둘째는 혼자서 즐기는 것이다. 이 중 보다 본질적인 것은 당연히 혼자서 즐기는 취미이다. 특히 노년이 되어서 중심이 바로선 채 휘둘리지 않기를 바란다면, 젊은 시절부터 자신을 위해서 공부하는 것은 매우 절실하다고 하겠다.

현재 우리나라는 핵가족화가 정착된 상황에서 갑자기 수명이 길어지자, 노후자금 문제가 최대의 화두로 대두하고 있다. 그러나 조금 더 지나면 '노후 삶의 질'이 문제의 핵심으로 전환될 것이다. 즉 단순히 먹고 사는 것을 넘어선 보람된 삶과 행복한 인생이라는 문제에 봉착하게 된다는 말이다. 여기에서 가장 힘을 쏟을 수 있는 것이 바로 스스로를 위한 공부이다. 그리고 이를 위해서는, 자신에게 맞고 나이를 먹어서도 유지할 수 있는 공부법이 필수적이라고 하겠다.

시장에 순응하면서 시장을 이끌어라

애플이 사자라면 삼성은 하이에나이다

애플이 1년에 하나의 스마트폰을 만든다면, 삼성은 다양한 신상품을 출시한다. 애플은 시장이 애플을 선택하도록 하고 있다면, 삼성은 시장의 선택에 편승하는 방식을 취하고 있는 것이다.

하나의 기종밖에 만들지 않는 애플의 수익성은 당연히 삼성보다 훨씬 좋을 수밖에 없다. 그러나 시장의 환경이 어떤 요인으로 바뀌게 되면, 애플은 그대로 위기에 처할 수밖에 없게 된다. 즉 지금은 애플이 강자이지만, 판도가 한 번 요동치면 애플의 추락은 불가피하다.

삼성은 사실 애플의 스마트폰을 따라잡는 과정에서 많은 스마트폰을 출시했고, 그 중에서 갤럭시 노트가 가장 히트를 쳤다. 이렇게 되면 삼성의 주력모델은 갤럭시 노트가 된다. 즉 주력이 따로 있는 것이 아니라, 시장에서 먹히는 것이 곧 주력이라는 말이다. 이와 같은 전략은 오늘날의 시장구조에서는 매우 유용하다. 왜냐하면 이것은 시장에 반응하는 최대한의 유연성을 확보하고 있기 때문이다.

사람들은 애플은 독자적인 생태계를 가지고 있기 때문에, 애플이 더

대단한 기업이라고 말한다. 실제로 주식시장의 시가 총액 역시 삼성은 애플의 1/4수준에 불과하다. 그러나 나는 삼성이 더 가능성이 높은 기업이라고 생각한다. 그 이유는 애플이 사자와 같다면, 삼성은 하이에나와 같기 때문이다.

하이에나는 좀 비굴하지만, 환경에 따라서 최적의 상태로 적응해가면서 살아간다. 보통의 상황에서 하이에나는 사자의 상대가 되지 못한다. 그러나 환경이 한 번 요동치면 사자는 공룡처럼 멸종하지만 하이에나는 살아남을 것이다.

80~90년대 세계 최고 전자기업이었던 소니의 몰락은 이와 같은 상황을 잘 나타내주고 있다. 이런 점에서 변수가 많은 현대사회 속에서, 나는 삼성이 애플보다 더 가능성이 있다고 판단하는 것이다.

◇ ◆ ◇
변화를 따라가면서 리드하라

나는 공부도 현대에는 삼성과 같은 관점이 더 옳다고 생각한다. 실제로 나는 책이나 논문을 1년에 20여 종씩 만들어낸다. 이 중에는 당연히 내가 생각하는 핵심주장이 담긴 것이 있다. 그러나 시장에서 성공하고 인정받는 것이 있다면, 곧 그것을 내 주력으로 바꾼다.

현대는 쉽게 결과를 예측할 수 있는 시대가 아니다. 그러므로 보다 넓은 폭으로 접근해서, 그 중에 가장 유효한 가치를 찾아내는 것이 중요하다. 즉 변화를 따라가지만, 결국은 변화를 넘어서 리드할 수 있도록 해야 하는 것이다. 이것이 늦게 출발해서 일찍 도달하는, 진정으로 변화를 이해하는 방식이라고 하겠다.

현대는 인문학이나 예술조차도 수명이 짧다. 현대의 공부는 이러한 흐름을 따라가면서, 오히려 이와 같은 사회적인 변화를 리드할 수 있어야만 한다. 이런 점에서 평생의 역작에 대한 생각은 전시대적인 화석 같은 관점에 지나지 않는다.

공부도 시대에 따라서 변하는 것이다. 그에 따라서 공부법도 변해야만 한다. 그 속에서 최적의 효율성을 끊임없이 유지하는 것, 이것이 바로 현대적인 공부의 기술이며 오늘날의 가장 선진적인 학자라고 하겠다.

붓다는 모든 것은 변화하며, 그 속에서 존재 의의를 가지는 것은 변화를 따라가면서 리드해 가는 중도中道라고 설명한다. 이것은 비단 깨달음의 문제만은 아니다. 공부나 사회적인 성공에 있어서도 그대로 적용될 수 있는 가치인 것이다.

오직 현재에만 집중하라

◇◆◇
자신의 조건을 파악해 최적화를 찾아라

처음에 '공부법에 대한 책을 만들어보면 어떻겠냐'고 했을 때, 사실은 적지 않게 당황했다. 나는 평생 공부한다는 생각을 해본 적이 거의 없기 때문이다. 나는 하기 싫은 일은 하지 않고 사는 사람이다. '하고 싶은 일만 해도 세월이 바쁜데, 굳이 하기 싫은 일까지 하면서 살 필요가 있냐'는 것이 내 소신 중 하나이기 때문이다.

나는 호기심과 궁금한 것이 무척 많은 사람이다. 그렇다보니 여기저기를 기웃거리고 찾아보게 되었고, 의도하지 않은 가운데 공부가 쌓이게 되었다.

한나라 때 학자인 사마담은 『논육가요지論六家要旨』에서, 유교의 근원은 장의사라고 기록했다. 요즘 상조업체의 장례지도사들을 통해서도 알 수 있는 것처럼, 장례라는 게 한 곳에서 발생하는 일이 아니다. 그렇다보니 장의사는 여러 마을을 다니게 되고, 그 결과 견문이 넓어져 지식인인 유자儒者가 되었다는 것이다. 그래서 유교에서는 특히 '예禮'를 중시하게 되었다고 한다. 실제로 유교의 '선비 유儒' 사를 보면, '사람 인人'에 제수용품 할 때의 '수儒' 자가 결합된 것임을 알 수 있다.

나 또한 여러 가지에 관심이 많은 앎의 유목민일 뿐이다. 다만 다른 점은 선비는 그것을 직업으로 하지만, 나는 취미의 관점에서 접근한다는 것이다. 취미는 놀이라는 의미이다. 그러므로 취미의 관점에서 접근하게 되면 공부는 그저 유희가 될 뿐, 고통으로 다가오지 않는다. 보통 사람에게 몇 시간이고 한 곳을 바라보면서 움직이지 말라고 하면, 이건 말 그대로 보통 고역이 아니다. 그러나 낚시가 취미인 사람에게는 이 상황이 완전히 달라진다. 이것이 바로 유희의 인간이 가지는 참다운 저력인 것이다.

사람마다 가지고 있는 성향에는 지문처럼 각기 다른 차이가 있게 마련이다. 그러므로 자신이 가진 조건을 파악해서 이를 최적화할 수 있는 것이 중요하다. 이렇게 되면 하기 싫은 일은 하지 않으면서도, 특정 부분에서 가장 강력한 능력자 중 하나가 될 수 있기 때문이다. 즉 또 다른 방식에서의 엑스맨의 탄생인 것이다. 이런 점에서 본다면, 취미가 직업인 사람이야말로 가장 행복한 사람이며 진정한 생활의 달인이라고 하겠다.

죽음을 환기하면서 현재에 집중하라

우리는 힘든 일을 성취하거나 기대치 이상을 만족했을 때, '지금 죽어도 여한이 없다'는 말을 하고는 한다. 이것은 바꿔 말하면 그 사람의 현재 행복지수를 나타내준다. 과거를 떠올리면서 '그때 이렇게 했다면'이라고 후회하는 것은, 두 번의 어리석음일 뿐이다. 한 번은 그 과거시점에서의 판단오류이며, 두 번째는 지금 그것을 반추하면서 현재의 또 다른 가능성을 흘려보내고 있기 때문이다.

붓다는 『중아함경中阿含經』 「전유경箭喩經」에서, "두 번째 화살을 맞지 말라"고 했다. 첫 번째 화살은 실수이다. 그러나 이것을 회상하면서 후회만 하는 사람은 두 번째 화살을 맞는 사람이 된다. 즉 반성은 하지만 그것에 매몰되어서는 안 된다는 말이다.

흥미로운 것은 과거를 자꾸만 반추하는 사람들은 비슷한 상황에 직면하게 되면, 그것을 또다시 되풀이한다는 점이다. 이는 문제점을 인식해서 정리하고 떨쳐내는 것이 아니라, 과거에 매몰되어 장밋빛 아편만을 분출한 비극의 결과이다. 그러므로 가장 좋은 방법은 현재에서 미련을 남기지 않고 정리하는 것이라고 하겠다.

독일의 철학자 하이데거는 『행복론』에서 "죽음을 상기하는 사람이 되라"고 말한다. 시한부 인생을 사는 사람이라고 가정할 때, 우리는 후회되지 않는 가장 현명한 판단을 하게 된다는 뜻이다. 즉 가장 현재를 잘 사는 방법은 죽음을 환기하면서 사는 것이다. 이는 시사하는 바가 큰 관점이다. 특히 우리와 같이 죽음 자체를 터부시해서, 어른 앞에서는 '힘들어 죽겠다'는 말조차도 피해야 하는 문화에서는 더욱 그렇다.

선택과 집중으로 능력을 극대화하라

따라가는 것은 비극이다

이 세상에서 가장 재미있는 게임은 무엇일까? 정답은 어떤 게임이 아니라, '이기는 게임'이다. 아무리 사소한 게임이라도 지면 재미가 없게 마련이다. 100원짜리 고스톱을 쳐도 속이는 경우가 있는 것은 돈의 문제가 아니라, 이기는 것에 목적이 있기 때문이다. 실제로 어떤 경우는 이겨서 딴 총 금액보다도 더 많은 돈을 들여 이긴 턱으로 밥을 사기도 하지 않는가!

그렇다면 이기는 게임 중에서도 더 재밌는 게임은 무엇일까? 그것은 아슬아슬하게 이기는 게임이다. 역전극이 더 재미있는 것도 이러한 이유이다. 실제로 어른이 어린아이와 게임을 하지 않는 이유는 저항 없는 상대를 이겼을 경우에는 이겨도 만족도가 떨어지기 때문이다.

그러므로 공부 역시 머리 좋은 사람을 얼마나 따라갔느냐는 중요하지 않다. 왜냐하면 엇비슷한 상황에서 지게 되면, 진 것에 더해서 화병까지 생기기 때문이다. 그러므로 어떻게든 상황을 역전시키는 것이 중요하다.

돈을 모으는 방법으로서 가장 좋은 것은, 지출에 비해서 소득을 대폭 늘리는 것이다. 그러나 이것은 쉽지 않다. 그러므로 일반적으로는 지출을 줄이는 방법을 선택하게 된다. 여기에서 중요한 것이 바로 선택과 집중이다.

나는 강원도 월정사에 사는데, 하루는 어떤 종무원 분과 대화를 하게 됐다. 그런데 그분이 "지금까지 수년 동안을 스님이랑 살았어도 오늘 처음으로 말을 해봅니다."라고 하는 것이 아닌가. 나는 그러냐고 했지만 '일이 겹치지 않는데, 굳이 말할 필요가 있을까'라는 생각을 했다.

사실 이러한 삶의 방식 때문에, 나는 주변사람들에게 무시한다는 오해를 사곤 한다. 그러나 정확하게 말하면, 나는 크게 필요 없는 부분까지 관리할 정도로 넉넉한 에너지를 소유하고 있지 못하다. 즉 무시하는 것이 아니라 무관심한 것이다. 또 이를 통해서 사람들이 얼마나 필연적이지 않은 부분에, 에너지를 많이 소모하고 있는지를 알 수도 있게 된다. 이것을 우리는 인간관계라고 포장해서 말한다. 그러나 내가 능력이 없다면, 기우는 인간관계란 결국 언젠가는 무너지게 마련일 뿐이다. 즉 인간관계 역시도 능력을 갖췄느냐가 끌려가지 않게 되는 관건이라는 말이다.

◇ ◆ ◇

감관이 새는 것을 차단하라

후각이 마비된 사람은 상대적으로 미각이 발달하고, 눈이 안 좋게 되면 귀가 예민해지게 마련이다. 이는 감관의 한 쪽이 차단당하니 다른 한 쪽의 에너지가 증대되기 때문이다.

공부법의 선택과 집중 역시 이와 같은 원리에서 벗어나지 않는다. 보편적인 복지는 분명 좋은 것이다. 그러나 자본을 산출할 수 있는 충분한 능력이나 방법이 없다면, 필연적으로 보편이 아닌 선택과 집중을 할 수밖에 없다.

　　선천적으로 우월한 능력을 타고났다면, 모든 오지랖을 다 떨어도 그를 제압할 수 있다. 그러나 보통 사람이라면, 새는 에너지를 최소화하고 선택과 집중을 해야만 비로소 승산이 존재하는 것이다. 잡음을 제거하면 소리는 당연히 잘 들리게 된다. 소리를 키울 수 없다면 이것이 일단은 최선인 셈이다. 사람이 공부를 하는 것도 마찬가지다.

　　대인관계 등 모든 것을 원만히 하면서 공부까지 잘하겠다는 것은 욕심이다. 결국 무엇인가는 포기해야만 하는 것이다. 그리고 그 중심에 공부가 있다면, 음식이나 의복 등 자잘한 가치들은 모두 포기해야만 한다. 주변을 살펴보면, 수능을 준비하는 고3 학생들도 이와 같은 방식을 취하고 있다는 것을 알 수 있다. 이 정도 의지는 되어야 능력 있는 사람을 이길 수 있다. 그리고 그렇게 이겨보면 비로소 이기는 게임의 재미를 알게 된다. 즉 이렇게 되어야만 비로소 즐김에 입각한 선택이 가능해지는 것이다.

　　조치훈은 "나는 바둑 한 수 한 수에 목숨을 건다"라고 했다. 이 정도까지는 안 되더라도, '무언가를 얻기 위해서 무언가는 포기해야 한다는 원칙' 정도는 분명히 숙지해둘 필요가 있다. 그리고 그 뒤에 무엇을 선택하는 것이 옳은지에 대해서는 스스로가 판단해 볼 일이다.

◇◆◇

내가 정리하지 않은 것은 내 것이 아니다

불교공부를 하는 사람 중에 자료를 달라고 하는 분을 가끔 만난다. 나는 자료가 무기라고 생각하는 사람들을 탐탁지 않게 여긴다. 물론 얼마 전까지만 해도, 이런 사고가 학계에 만연해 있었다. 그러나 현대는 자료는 모두에게 공개되고, 그것을 취합하는 관점이 무기가 되는 세상으로 신속하게 변화하고 있다. 학문의 세계에서도 인터넷과 같은 열린 환경이 가열 차게 전개되고 있는 것이다.

나는 필요하다는 사람에게는 관련 자료를 몇 테라씩 제공해 준다. 그러나 아직까지는 이렇게 받아간 사람 중에서, 내 자료를 제대로 활용하는 사람을 본 적이 없다. 왜냐하면 이 자료들은 철저하게 내가 만든 구조와 범주에 의해서 정리되어 있기 때문이다. 그래서 나는 줄 때, '반드시 모든 폴더를 열어보고 자신의 방식대로 새롭게 정리해야 한다'고 고지해준다. 그러나 자료의 양이 적으면 모르지만 테라 단위가 되면 사실 보통일이 아니다. 그렇다보니 결국 보관만 하고 사용하지 못하게 되는 결과를 초래하게 된다. 가지고는 있지만 사용할 수는 없는, '방 안에서 잃어버린 책'이 되고 마는 것이다.

저금을 할 때 가장 중요한 것은 얼마를 예금하느냐가 아니라, '어느 은행의 누구 명의의 통장이냐'는 것이다. 찾을 수 없는 예금은 이미 내 것일 수 없다. 그렇기 때문에 내가 쓸 수 있는 공부를 하는 것이야말로 가장 중요한 가치라고 하겠다.

스트레스를 관통하라

◇◆◇

스트레스를 무력화하라

의사들의 가장 유용한 방어기제는 바로 '스트레스'이다. 검사를 했는데도 원인이 잘 안 나오면 '스트레스를 받아서'라고 말하면 된다. 살이 왜 찌느냐고 물어도 스트레스 때문이라고 하면 되고, 살이 왜 빠지냐고 물어도 스트레스 때문이라고 하면 된다.

그러면 치료법은 과연 무엇일까? 스트레스를 받지 않도록 하는 것이 답이란다. 인류가 발생한 이래로 이와 같은 엉성한 구조의 사고방식이 또 있을까? 그런데도 이런 말이 먹히는 것은 현대인들은 누구나 괴롭기 때문일 것이다.

스트레스란 내 뜻대로 안 되는 모종의 충돌구조에서 발생한다. 그러면 스트레스를 받지 않기 위해서는 모든 일이 내 뜻대로 되야 한다는 말인데, 이것은 누가 생각해 봐도 불가능한 일이다.

희랍신화를 보면 신들도 많은 스트레스를 받고 있다는 것을 알 수 있다. 또 노아의 홍수는 여호와의 스트레스를 대변하는 『구약』의 기록이 아닌가? 신들에게도 있는 스트레스를 인간이 받지 않는다는 것은 불가능

하다. 그러므로 문제의 핵심은 스트레스가 아니라, 스트레스의 대미지를 어떻게 최소화하느냐로 바뀌게 된다.

잡념이 나의 내면에서 일어나는 일이라는 점에서, 이것은 조절하기가 상대적으로 쉽다. 그러나 스트레스는 외부적인 관계성과 관련되어 발생한다. 그러므로 나만 조절한다고 해서 해결이 될 수 있는 문제가 아니다.

『장자莊子』에는 '허주虛舟'라는 스트레스를 넘어서는 방식에 대해서 기술되어 있다. 허주란 사공이 없는 빈 배라는 의미이다. 불과 십여 년 전만 하더라도, 자동차 접촉사고가 나면 소리부터 지르는 경우가 허다했다. 중국의 고대 뱃사공들도 예외는 아니었던가 보다. 양자강과 같은 곳에서 배끼리 충돌하면 사공들이 서로 욕을 퍼지른다고 한다. 그런데 배가 충돌했는데도 상대 배가 끈이 풀려서 표류하던 배로 사공이 없으면, 욕을 하려고 했다가도 도리어 꿀떡 삼키게 된다. 욕의 대상이 없기 때문이다. 이런 사공 없는 배를 허주라고 한다. 즉 스트레스를 이기는 방법은 충돌을 넘어서는 경계라고 장자는 말하고 있는 것이다.

그러나 말이 쉽지 이것이 과연 가능할까? 『잡아함경雜阿含經』에는 붓다가 이것이 가능한 사람이었다는 내용이 수록되어 있어 흥미롭다. 어떤 사람이 길에서 붓다에게 욕을 질펀하게 퍼지르는 사건이 발생한다. 붓다는 묵묵히 그 욕을 다 듣고 나서 그 사람에게 묻는다. "주인이 잔칫상을 베풀었는데 만일 손님이 먹지 않았다면, 그 음식의 처리는 누구에게로 돌아가겠습니까?" "그야 당연히 주인에게 돌아가겠지요." "저도 방금 음식을 먹지 않았습니다." 이 이야기는 촌철살인이기는 하지만, 역시 우리로서는 실현 불가능한 먼 이야기에 불과하다.

성현의 가르침에 내포하는 맹점은 언제나 한결같다. 학의 다리에 맞춰진 걸음걸이에 오리는 따라갈 수가 없다는 점이다. 그렇다고 성현을 부러워할 필요는 전혀 없다. 왜냐하면 내가 바뀌는 것도 아닌 상황에서 자칫 자괴감만 들 수 있기 때문이다.

◇◆◇
스트레스를 정면 돌파하는 방법

우리는 공포영화 속에서, 여주인공이 하이톤의 비명을 지르는 것을 보곤 한다. 그러나 진짜 무서우면 비명은커녕 '헉' 소리도 안 나온다. 사실 이것은 공포 때만 그런 것은 아니다. 너무 좋거나 너무 슬플 때도 마찬가지다. 보통의 판단 이상의 상태에 직면하게 되면, 잠시 생각의 기능이 다운되면서 순간 멍해지게 된다. 이런 점에서 본다면 스트레스를 받는다고 말하는 건, 아직은 여유가 있다는 의미라고 하겠다.

남자는 군대에 가서, 처음으로 지금까지 생각한 세계와는 완전히 다른 이상하고 비상식적인 세계를 접하게 된다. 그것은 엄청난 스트레스의 세계이지만, 너무나 전 방위적으로 강도가 높기 때문에 오히려 스트레스로 잘 인식하지 못하는 상황에 직면한다. 즉 스트레스 끝판왕과의 조우인 것이다.

이 상황에서 남자는 군대라는 새로운 세계를 이해하는 데 집중하게 되는데, 사실은 이것이 스트레스를 넘어서는 한 방법이라는 것을 당시에는 알지 못한다. 즉 생존이라는 더 큰 문제가 머릿속에 꽉 차 있기 때문에, 어지간한 스트레스 따위가 들어올 공간은 없는 것이다. 허주가 돼서 스트레스를 흘려보내는 것이 아니라, 문제에 대한 강한 집중을 통해서 스트레스의 정중앙을 관통하며 무력화시키는 것이다.

자신의 문제에만 오롯이 집중하고 있는 사람에게, 스트레스를 받는다는 것은 일종의 사치이다. 스트레스란, 자신을 방기하고 주변의 시선에 대해서 기웃거린 결과일 뿐이기 때문이다. 그러므로 목적이 분명한 사람에게 스트레스는 영향을 줄 수 없다. 그러므로 스트레스의 극복을 위해서라도, 자신을 주시할 수 있는 공부법은 필수적이라고 하겠다.

결과가 아닌 과정에 집중하라

역전이 어려운 현대사회

우리 속담에 '인내는 쓰나 열매는 달다'라는 것이 있다. 그러나 한 번 더 생각하면, 언제까지 쓴 인내를 해야 단 열매를 맛보게 되는 것일까? 상당히 막연한 이야기가 아닐 수 없다.

'젊어서 고생은 사서도 한다'는 속담도 마찬가지다. 굳이 안 해도 되는 고생을 사서까지 할 필요가 있을까? 고생 안하고 순탄하게 잘 되고 잘 사는 것이 더 좋지 않을까?

이 두 속담에는, 뒤의 결과가 좋은 것이 진짜 좋은 것이라는 판단이 깔려 있다. 실제로 동아시아의 전통관점에는, 말년으로 갈수록 순탄한 것을 이상적인 인생으로 보는 측면이 존재하는데, 이 두 속담은 바로 이와 같은 관점을 반영한 것이다. 그러나 붓다는 '처음도 좋고 중간도 좋고 끝도 좋은 것이 진정 좋은 것'이라고 가르친다. 이것이 더 좋은 것임에는 이론의 여지가 없다. 다만 이것이 쉽지 않기 때문에, 처음과 끝 중에서 동아시아는 끝을 선택하는 것이다. 또 여기에는 초년에는 문제가 생겨도 만회할 수 있지만, 말년에는 문제가 발생하면 어떻게 해볼 여지가 없다는 점도 존재한다.

현대사회는 과거와는 상황이 다르다. 그러므로 초년의 문제는 삶 전체의 문제와 직결되곤 한다. 실제로 세분화된 현대사회에서는, 초년에 부모의 후원이 적절하게 작용했느냐에 의해서 인생 전체가 판가름 나는 경우가 많다. 즉 '개천에서 용난다'는 말은 점차 불가능한 양상이 되는 것이다.

이로 인하여 부를 통한 교육과, 교육을 통한 부의 세습이라는 악순환이 점차 뚜렷한 양상을 나타내게 된다. 미국의 아이비리그 대학을 다니는 학생들의 절대다수는, 백인 중산층 자녀들이라는 점은 이미 널리 알려진 사실이다.

◇◆◇
과정을 즐기는 것이 해법이다

결과가 아닌 과정을 즐기는 방향으로 관점을 전환하면, 많은 문제가 해결될 수 있다. 실제로 우리나라의 과도한 입시제도는, 대학이라는 결과에만 초점이 맞추어져 있기 때문에 많은 문제점들을 내포하게 된다. 대표적인 것이 학습의 개인 만족도가 떨어지며, 결과를 성취했을 때 더 이상의 공부를 하지 않게 되는 것이다.

우리나라 사람들은 흥미롭게도 어렸을 때는 전 세계에서 가장 많은 공부를 하지만, 장년기에 접어들면서는 가장 공부를 안 하는 사람으로 변모한다. 이렇게 되는 이유는, 하기 싫은 공부를 성공이라는 목적을 위한 수단으로 억지로 인욕하면서 했기 때문이다. 그러므로 필요가 사라지게 되면, 더 이상의 학습의지가 존재할 수 없게 되는 것이다.

50대에 정년해서 50년을 더 살아야 하는 노년이 긴 현대에서는, 필요에 의해 특정시기에만 몰아서 공부를 한다는 것은 문제가 보통 많은 것이 아니다. 왜냐하면 이와 같은 방식으로는, 인생의 만족도와 행복감이 높아질 수 없기 때문이다. 그러므로 공부를 수단화하지 말고 그 자체로 목적화 하는 관점을 확립해야만 한다. 즉 공부하는 과정 자체를 즐길 수 있어야한다는 말이다.

'인내는 쓰나 열매는 달다'가 아니라, 인내도 즐기고 열매도 즐길 수 있어야만 한다. 이와 같은 관점의 전환은, 목적을 결과에 두지 않는다는 점에서 공부에 대한 새로운 해법이 된다. 또 어떠한 상황에서도 만족도를 유지한다는 점에서, 스트레스를 받지 않고 평생을 공부하며 성취할 수 있도록 해준다.

◇◆◇
다시 오지 않을 이 순간을 완성하라

어린아이들은 빨리 어른이 되기를 바라고, 어른들은 10년만 젊었으면 하고 푸념하곤 한다. 그러나 이는 둘 다 어리석다.

어린아이 때는 어린아이일 때만 할 수 있는 일이 있고, 중년에는 중년만이 누릴 수 있는 즐거움이 있으며, 노년에도 역시 노년에만 적합한 일이 있게 마련이기 때문이다. 그러므로 매순간의 다시 오지 않을 시간을 상기하면서 사는 것이야말로 가장 현명한 삶의 방식이 된다.

공부 역시 마찬가지다. 공부를 통해서 무언가를 얻는 수단적인 공부가 아닌, 현재 하고 있는 자체에 의미를 부여하고 만족을 찾을 수 있는 공부가 되어야 한다. 그래야만 그 속에서 기쁨을 발견할 수 있으며, 공부에 대한 만족도도 더 한층 깊어질 수가 있기 때문이다. 또 이와 같은 습관이 확립되면, 평생공부와 공부를 통한 안온함을 획득할 수 있게 된다.

결과는 때로 불확실한 여러 가지 요인들에 의해서 이질적인 변화를 파생하곤 한다. 인간관계를 예로 들면, 내가 잘해준다고 해서 상대도 반드시 잘해주는 것은 아니라는 말이다. 결과를 목적으로 하는 공부에는 이와 같은 문제점이 존재한다. 그로 인하여 예상과 빗나갔을 경우에는, 때로 큰 충격에 빠지는 상황이 발생하는 것이다.

그러나 과정 자체를 즐기는 방식을 터득하게 되면, 결과가 좋지 않아도 문제될 것은 없다. 마치 부모가 자식에게 잘해주는 것이 노년에 보답을 받기 위해서가 아니라, 잘해주는 것 자체가 기쁘기 때문에 잘해주는 것처럼 말이다. 물론 결과도 좋으면 더 좋은 것은 두말할 필요가 없다.

또 과정 자체를 즐기는 방식 속에서, 일의 만족도가 더 높고 즐겁기 때문에 좋은 결과가 발생할 확률 역시 증대된다. 즉 과정 중심의 사고는, '과정의 만족'과 '결과의 만족'이라는 두 가지를 모두 성취하게 되는 것이다. 또 이러한 관점과 사고를 확립하게 되면, 공부는 스스로 쌓이고 발전은 어느덧 내 것으로 변모하게 될 것이다.

매순간 죽어가는 것을 즐겨라

◇◆◇
열심히 살아야 삶의 질과 만족도가 더 높다

모든 인간은 죽는다. 이 명제는 두 가지 관점을 파생할 수 있다. 어차피 죽을 것이므로 대충 살자는 것이 하나이며, 죽을 때 죽더라도 열심히 살아보자는 것이 그 둘이다. 열심히 사는 인간이라고 해서 죽지 않는 것은 아니다. 그럼에도 열심히 살아야 하는 것은 그렇게 사는 것이 삶의 질과 만족도가 더 높기 때문이다. 즉 더 높은 행복감이 갖춰진다는 말이다.

제아무리 좋은 음식을 먹어도 다음날이 되면 배가 고파지는 것이 인간이다. 그러니 대충 먹고 치우자는 것도 가능하다. 그러나 이렇게 되서는 안 된다. 왜냐하면 그것은 생명을 유지하는 것이지, 삶을 영위하는 방식은 아니기 때문이다.

죽을 것을 알기 때문에 열심히 살고, 배고파질 것을 알기 때문에 더 맛있는 음식을 추구하는 것. 공부에도 이와 같은 관점을 가지는 것이 중요하다. 이것은 결과가 아닌 과정에 대한 만족인 동시에, 언제나 현재를 살아가는 깨어 있는 삶의 방식이기 때문이다.

흔히 스피노자가 한 것으로 알려져 있는, "내일 지구가 멸망한다고 해도 한 그루의 사과나무를 심겠다"라는 말처럼, 뚜렷한 주관 속에서 흔들리지 않는 현실을 살아가는 것이 중요하다. 그리고 이와 같은 성실하고 진실한 관점의 연장선상에, 매일의 공부도 존재하는 것이 좋다.

◇◆◇
공부가 반드시 윤리적일 필요는 없다

공부의 과정이 목적이 되는 것은, 공부의 질을 높이고 즐기기 위한 측면에서 중요하다. 그러나 공부는 나의 완성이라는 근본목적에 비하면, 결국은 수단일 수밖에 없다. 이런 점에서 공부가 굳이 윤리적이지 않아도 된다는 점을 이해할 필요가 있다. 공부가 윤리적이지 않아도 된다는 의미는 표절과 같은 것을 의미하는 것이 아니다.

현대는 새로운 지식이 매일같이 대규모로 산출되는 시대이다. 그러므로 과거와 같이 모든 단계를 차근차근 밟고 올라가서는 방식으로는, 학문적인 성취에 한계가 있다. 과거의 공부가 기초공사를 탄탄하게 하고난 뒤에 건물을 올리는 것과 같다면, 오늘날은 기초공사를 탄탄하게 해야 하는 경우도 있고 또 때로는 임시건물을 짓듯이 해야 하는 경우도 있는 것이다. 즉 상황에 따른 유연성이 학문에도 필요하다는 말이다.

현대의 학문은 하나의 전문적인 부분만을 깊이 있게 다루어야 할 필요도 있지만, 그와 동시에 여러 가지 연구가 결합된 융·복합적인 측면도 동시에 존재한다. 그러므로 각각의 상황에 맞는 적절성이라는 것이 요청된다. 이런 점에서 나는 공부가 반드시 윤리적일 필요는 없다고 하는 것이다.

팔만대장경을 다 읽고서야 경전을 가르칠 수 있는 것은 아니다. 그보다는 무엇이 유용한 지식인지를 판단해서, 학문의 최단거리를 찾는 것이

보다 효과적일 때도 있는 것이다. 이런 부분에서는 윤리에 걸리면 안 된다. 윤리를 넘어선 운용의 묘에 보다 집중할 필요가 있다는 말이다.

◇◆◇
좋은 건축은 오래 걸리지 않는다

스페인의 바르셀로나를 대표하는 가우디의 사그라다 파밀리아 성당은, 1884년에 착공되어 현재까지도 공사가 진행되고 있다. 이런 건축을 보면 급격한 개발시대를 거치면서 다리와 백화점이 붕괴하는 것을 목격한 우리로서는, 위대한 장인정신을 갖춘 대단한 건축이라고 판단하게 된다. 그러나 건축은 완공해서 쓰기 위한 것이지 짓기 위한 것이 아니다.

내가 고건축과 관련해서 박사학위를 가진 사람으로서 감히 말하건대, 이런 건축은 건축의 기본을 어기는 문제 있는 건축물에 다름 아니다. 연비절감이 모든 자동차 회사의 화두라면, 공기단축은 모든 건설회사의 화두이다. 물론 여기에서의 공기단축은, 안전이라는 것이 전제된 상태에서를 의미하는 것으로 날림공사를 통한 단축은 해당되지 않는다.

우리나라 고건축 중 최고로 꼽히는 약 80m의 황룡사구층목탑이, 645~646년의 만 1년 만에 완성된 것이라는 점을 이해할 필요가 있다. 주택공사에 100년이 소요된다고 가정해보자. 그러면 집주인은 그 집에 들어가 살 수도 없는 상황이 연출된다. 이런 건 건축이 아니다. 안전하고 빠르게 만드는 것, 이것이 건축기술과 공법이라는 점을 환기할 필요가 있다.

공부 역시 마찬가지다. 때론 10년이 걸려서 결과가 나와야 할 것도 있지만, 어떤 것은 며칠 만에 결과가 나와야 하는 것도 있다. 커피로 말하면 숙성커피가 필요한 것도 있고, 믹스커피가 필요할 때도 있다는 말이다.

또 한 잔에 2만 원짜리 커피와 200원짜리 자판기커피가 공존할 필요도 있는 것이다. 이런 현대적인 상황에서, 어떤 것이 옳다는 윤리성은 필요가 없다. 건축으로 말하자면 100년 걸려서 건축해야 할 대상은 100년 만에 짓고, 한 달에 건축해야 하는 대상은 한 달 만에 건축할 수 있게 되어야 한다는 말이다. 그리고 공부의 진정한 윤리는 이러한 두 가지 모두에 자유자재할 수 있는 것 속에 존재하는 것이다.

현실을 벗어난 것이 고상한 것은 아니다

◇◆◇
도가 있다면 돈도 있어야 한다

도나 깨달음은 있지만, 자본에는 능하지 못하다고 말하는 사람이 있다고 하자. 그것이 사실일까? 도가 돈보다 우월한 가치라면, 도가 있는 사람이 원한다면 돈도 가질 수 있어야 하는 것이 아닐까?

무슨 말인고 하니, '도=우주'이고 '돈=지구'라고 한다면 도는 지구를 포함하고 관리할 수도 있어야 한다는 말이다. 만일 이렇지 않아서 도는 태양이고 돈은 지구와 같이 서로 분리된 구조라면, 도는 상대적으로만 위대할 뿐 결과적으로는 한계적인 것에 지나지 않게 된다. 즉 도라는 것 역시 별 볼 일이 없게 된다는 말이다.

그러므로 도를 얻은 사람이 물질을 초월해서 가난을 선택하는 것은 가능해도, 일반적인 결핍구조가 존재해서는 안 되는 것이다. 대부분의 종교인들은 방식을 달리할 뿐 돈을 구걸한다. 이것은 같은 논리의 선상에서 말한다면, 그들에게 '실질적인 도가 없는 것은 아닐까'를 의심하게 하는 것도 가능하다.

붓다는 '불교를 믿으면 사후는 뒷일이고 삶에서도 잘 살게 된다'는 것을 강조한다. 실제로 붓다에게는 세간해世間解 즉 '세상일을 잘 아는 분'이라는 칭호가 있다. 요원하고 알딸딸한 뜬구름 잡는 소리에만 도가 있는 것이 아니라는 말이다.

도는 장자가 말하는 것처럼, '기왓장이나 똥·오줌 속에도 존재해야 하는 것'이다. 이런 점에서 공부가 가난을 변증한다는 논리는 통할 수 없다. 그것은 잘못된 공부의 폐단은 될 수 있어도 최소한 올바른 공부는 아니기 때문이다.

조선의 선비 중에는 청빈을 내세워 냉수만을 마시고도 행복을 노래하는 이들이 있었다. 그러나 그들의 정신주의에 치우친 무책임한 사회적 방임은, 결국 가족들에게 극심한 고통을 주게 된다. 그것은 도를 가장한 무능일 뿐이기 때문이다. 이와 같은 어쭙잖은 정신주의가, 조선이 쇠락하는 한 이유라고 말하는 것은 지나친 판단일까!

◇◆◇
탈레스의 지知에 대한 증명이 시사하는 것

서양철학사의 첫 페이지에 등장하는 탈레스에게는 아주 재미있는 일화가 전해진다. 비판자들은 '탈레스가 진정한 현자라면 부자가 될 수 있어야 한다'고 비아냥거렸다. 탈레스는 이 말을 듣고 정신타령이나 진리타령으로 받아치지 않았다. 그는 합리적인 판단으로 그 해의 기후를 인지해서 올리브가 풍년이 들 것을 예측한다. 그리고는 올리브기름을 짜는 기계를 매입해서 큰돈을 벌었다. 즉 자신이 추구하는 지知의 유용성을 현실에서 증명해 보인 것이다.

여기에는 『허생전』처럼 변 씨에게 만 냥을 빌린다거나 하는 것 같으

초월적인 설정은 없다. 사실 변 씨에게 만 냥을 빌리는 것이나, 『흥부전』의 박 속에서 온갖 금은보화와 예쁜 첩까지 나온다는 설정이 무슨 차이가 있는가? 양자는 모두 비현실적인 측면의 방식상의 문제에 지나지 않을 뿐이다. 일면식도 없는 재벌을 찾아가서 1,000억을 빌린다는 설정이나, 제비가 잭팟을 터트려준다는 게 무슨 큰 차이가 있느냐는 말이다. 이것은 조선이 무력하게 무너질 수밖에 없는 한 단면을 잘 나타내준다.

탈레스의 지知에 대한 증명은 시사하는 바가 적지 않다. 돈과 상반된 것이 도가 아니라, 돈을 포함하는 것이 진정한 진리일 수 있다는 것을 말해주기 때문이다. 그러므로 공부 역시 순수한 공부보다는, 자본을 바탕으로 해서 순수로까지 확대되는 공부야말로 진정한 가치가 된다. 이 부분을 이해하는 것이 중요하다. 이런 점에서 나는 고흐도 긍정하지만, 상업미술의 혁명가인 앤디워홀을 더 좋아한다.

고흐는 일평생 〈붉은 포도밭〉 한 점밖에 팔지 못했다. 그러나 앤디워홀은 자신의 작업공간을 팩토리로 부르며 작품을 대량으로 찍어냈다. 심지어 앤디워홀의 대표작 중 하나인 〈마릴린 먼로〉는 제자가 스승의 이름을 붙여서 만든 위작이었다. 그러나 〈마릴린 먼로〉가 유명해지자 앤디워홀은 이것을 자신의 작품으로 인정해 버린다. 너무나도 현실적이고 무책임할 정도로 자유롭다. 이러한 두 사람이 모두 포함되는 곳, 그곳에 진정한 예술과 공부의 가치가 존재하는 것은 아닐까?!

『논어』에는 증자曾子가 말한 "본립이도생本立而道生"이라는 구절이 있다. 이는 근본이 바로 서야 도가 생긴다는 뜻이다. 공부를 많이 했어도 삿된 것에 빠지거나 노년이 되어서 회의적이 되는 것은, 수단의 공부이자 기능적인 공부만을 했기 때문이다.

진정한 공부란 세월과 더불어 원숙해지고 행복해지는 공부여야만 한다. 이는 잘 만들어진 고급차가 속력을 낼수록 도로에 밀착되는 것과 같다. 이런 점에서 내가 중심이 되어 일체를 부리는 공부 방식은 무엇보다도 중요하다. 왜냐하면 이것은 본질에 대한 추구와 직결되는 문제이기 때문이다.

긍정적 판단은 자기 아편일 뿐이다

◇◆◇
잘된다고 생각하면 진짜 잘될까?

지난 2007년 베스트셀러였던 『시크릿』은, 긍정적 사고를 통해서 인생을 바꿀 수 있다는 내용으로 되어 있다. '할 수 있다'는 긍정적인 생각을 구체적으로 하고, 그것이 이루어지는 것을 반복적으로 투사하면 이루어질 확률이 커진다는 것이다.

과연 그럴까? 할 수 있다고 긍정한다고 해서, 말기 암환자가 살아날 수 있을까? 여기에는 긍정적 사고라는 맹점이 존재한다. 즉 전체가 긍정적 사고로 점철되어 있기 때문에, 문제가 있는 부분까지도 긍정적인 사고로 미화될 수 있다는 말이다. 즉 판단오류가 쉽게 발생할 개연성이 존재하는 것이다.

종교를 믿는 사람들에게 긍정의 판단오류는 흔히 목도된다. 암에 걸렸다가 치료되거나 암이 조기에 발견되면, 종교를 믿어서 나은 것이라고 하거나 종교를 믿었기 때문에 조기에 발견했다고 생각한다. 그러나 종교와 암 사이에 상관관계가 존재한다면, 처음부터 암에 안 걸리는 것이 가장 타당하다. 즉 종교적인 긍정이 아편으로 작용해서, 현실을 왜곡하고 있는 것이다.

　　어떤 사람이 하루는 용꿈을 꿨다. 그래서 복권을 사려고 서둘러 집을 나가다가 넘어져 다리가 부러졌다. 이 사람은 용꿈 때문에 다리가 부러진 것일까? 아니면 용꿈을 꿨기 때문에, 원래는 죽을 수도 있었던 것을 다리만 부러지는 정도에서 그친 것일까?

　　두 가지 논리는 모두 성립한다. 이 중 긍정의 논리가 정신적으로 스트레스를 덜 받는 차원에서 좋고, 내면을 다스리는 데 있어서 타당할 수는 있다. 그러나 그렇다고 해서, 그것이 현실적으로 유효하다는 판단은 성립할 수 없다. 마치 키가 작은 사람이 긍정적인 생각을 하면 키 작은 것에 대한 스트레스는 사라질 수 있지만, 키가 커지는 것은 아닌 것처럼 말이다. 키를 크게 하는 데 있어서는 만 번의 긍정적인 생각보다도, 1컵의 우유가 더 효과적이기 때문이다.

◇◆◇
긍정은 부정을 통해야만 완성된다

기업을 운영하는 사람 중 긍정적인 사고를 하는 사람이 과연 몇이나 될까? 현실에서 성공하는 방법은, 일의 목적을 상정하고 그와 관련해서 존재할 수 있는 부정적인 측면들을 사전에 예측해서 제거하는 것이다. 이렇게 부정이라는 여과기를 거쳤을 때, 순수한 긍정성은 완성될 수 있다.

　　덮어 놓고 긍정한다고 바뀔 수 있는 일은 아무것도 없다. 아프리카의 기아에 허덕이는 이들이, 긍정적인 사고를 한다고 해서 달라질 것은 없는 것처럼 말이다. 이런 점에서 긍정적인 사고야말로 가장 값싼 아편이라고 하겠다.

무더위가 닥칠 때 우리 선조들은, 개울물에 발을 담그고 정신력을 통해서 더위를 극복하려고 했다. 그것은 매년 반복되는 방법이며, 대를 이어서 유전해야 하는 방식이었다.

그러나 미국의 누군가는 더위를 참지 못하고, 이를 극복하려는 부정적인 생각을 하게 된다. 그 사람의 이름은 윌리스 하빌랜드 캐리어이다. 이 사람에 의해서 1902년 세계 최초의 에어컨이 발명된다. 즉 캐리어 에어컨인 것이다. 이로 인하여 인류는, 더위를 극복하고 무더위에도 필요로 하는 일들을 할 수 있게 되었다. 즉 에어컨은 부정적 사고의 산물인 것이다.

물론 부정에 함몰하라는 의미는 아니다. 여기에는 반드시 부정을 통해서 긍정을 완성할 수 있는 힘이 있어야만 한다. 그리고 그 완성은 또 다른 부정으로 연결될 수 있어야 한다. 이렇게 부정과 긍정은 선순환하면서 사회와 인류의 문명은 발전하는 것이다.

닭이 먼저인가 알이 먼저인가는 정답을 내기가 애매하다. 그러나 부정과 긍정 중 변화를 추동하는 요인은 당연히 부정에 있다. 누군가는 반복되는 긍정의 고리를 참을 수 없었고, 이 사람의 부정적 사고가 창의력을 만나 새로운 긍정을 파생하는 것이다. 일종의 부정과 긍정의 정반합적인 구조라고 이해하면 되겠다. 특히 공부하는 사람은, 절대로 긍정에 안주해서는 안 된다.

논문이라는 것이 무엇인가? 그것은 기존의 견해와는 다른 관점의 도출이며, 이는 기존의 이론과 논리구조를 참을 수 없었던 누군가에 의한 부정의 결과물일 뿐이다. 이런 점에서 공부의 속성은 긍정보다는 부정에 가깝다.

이에 비해서 종교는 긍정적인 요소로 작동한다. 물론 그 긍정이란,

자신이 믿는 대상과 관련된 제한적인 긍정일 뿐이다. 그렇기 때문에 종교가 다르면, 인종청소와 같은 비윤리적인 측면들도 서슴없이 자행될 수가 있는 것이다. 이런 점에서 종교의 긍정은 전체적인 긍정과는 논리적인 층위를 달리한다는 점에 유의할 필요가 있다.

결국은 유희가 답이다

꿈에는 나와야 무얼 한다고 할 수 있다

『논어』「옹야雍也」에는, 전편을 통틀어 가장 멋진 문구가 수록되어 있다. "지지자불여호지자知之者不如好之者 호지자불여낙지자好之者不如樂之者." 해석하면 "아는 사람은 좋아하는 사람만 못하고, 좋아하는 사람은 즐기는 사람을 당해낼 수 없다"는 것이다.

공자는 제나라에서 순임금의 음악에 매료되어, 3개월간 자신이 좋아하는 고기 맛을 잊었다고 한다. 좋아하는 것에 심취하여 즐기는 사람의 모습이 잘 드러나 있다. 실제로 『논어』「태백泰伯」에는, "흥어시興於詩 입어예立於禮 성어락成於樂"이라는 말도 있다. 이는 '시에서 일어나 예로써 바로 서고 음악으로 완성된다'는 의미이다. 공자의 예술가적인 측면을 확인해 볼 수 있는 대목이다.

공자가 여기에서 말하고자 하는 것은 무엇인가? 그것은 즐기는 사람의 후회 없는 인생경지를 나타내는 것이다. 공부도 마찬가지이다. 공부가 즐거우면 공부법 따위는 더 이상 필요가 없다. 그러나 문제는 이것이 쉽지 않다는 점이다. 그러므로 최대한 즐길 수 있는 가치를 찾고, 즐길 수 있

는 가치 안에서 이를 공부와 연결시킬 수 있는 방안을 강구해야만 하는 것이다. 그러기 위해서는 공부가 책상에 앉아서, 또는 책을 보면서 하는 것이라는 고정관념을 무너트려야만 한다.

공부란 어떤 특정한 행위나 방식이 아니라, 삶 속에서 우리가 관심을 가지면서 배우고 익히는 모든 것을 의미한다. 그러므로 좀 더 넓은 안목을 가진다면, 즐기는 것과 공부를 연결시키는 고리를 발견하는 것은 어렵지 않다.

시작은 언제나 그렇게 하는 것이다. 그리고 이후에 점차 외연을 넓혀 가면 어느 순간 자신만의 색깔에 다가서게 된다. 그러나 어떠한 방법으로도 즐거움을 공부와 연결시킬 수 없다면, 공부를 포기하는 것이 맞다. 인생이란 즐겁기 위한 것이며, 공부 역시 즐거움을 위한 수단이지 공부 자체가 목적일 수는 없기 때문이다.

자신이 좋아하는 일을 하고 있는가를 알 수 있는 척도 중 하나는 바로 꿈이다. 꿈에 나올 정도가 안 된다면 그것은 즐기는 것도 좋아하는 것도 아니다.

일전에 신라시대의 자장 스님에 대한 논문을 쓰고 있었는데, 꿈에 중국 화엄종의 초조인 두순 스님이 나타나는 것이 아닌가. 나는 그때 자장이 당나라의 장안에 유학했을 때 화엄종의 어떤 인물과 교류했을까를 골똘히 고민하고 있었다. 그 생각이 꿈으로 나타난 것이다. 그래서 두순에 대한 일대기를 조사해서, 자장이 장안에 머물 당시에 두순 역시 장안에 있었다는 것을 확인하게 되었다. 그러나 가능성만으로는 논문을 쓸 수 없기 때문에, 두 사람이 만났을 개연성이 있다는 정도만을 각주에서 언급하는 정도로 마무리했다.

생각에 간절함이 있다면 꿈에 나오는 것은 당연하다. 그렇기 때문에 나는 꿈에 나올 정도의 간절함은 있어야 한다고 강조한다. 이 정도 노력이 전제되지 않는다면, 경쟁사회에서 상대를 이긴다는 것은 요원한 일이기 때문이다.

◇◆◇
익숙해지면 점차 확대된다

매사는 청국장을 먹는 것과 흡사하다. 외국인이 가장 꺼리는 음식 중 하나가 바로 청국장이다. 물론 홍어나 번데기는 청국장보다도 더 순위가 높게 나타난다. 그러나 이런 음식은 청국장과 같은 보편음식의 범주와는 조금 다른 것이 사실이다.

외국인은 둘째 치고 우리나라의 어린아이들도 처음에는 청국장을 잘 먹지 못한다. 그러던 것이 차츰 먹다보면서 입맛이 길들여지게 되는 것이다. 이 말을 왜 하는가 하면, 꿈에 나오는 것도 청국장처럼 조금씩 하다보면 어렵지 않게 된다는 것을 말하고 싶어서이다.

명상이나 공부나 모든 것이 마찬가지다. 그렇게 반복되는 과정 속에서 점차 넓어지고, 넓어지면서 어느 결에 깊어지는 것이다. 그러므로 결코 조급해해서는 안 된다.

수십 년 쌓인 습관이 어떻게 하루아침에 바뀔 수 있겠으며, 우리는 습관보다 더 무서운 것이 인간의 관점이라는 점을 상기할 필요가 있다. 조급하면 쉽게 지치고 지치면 포기하게 된다. 콜로라도 강의 침식이 그랜드 캐니언을 만든 것처럼, 여유로운 생각을 떠올려보는 것이 좋다. 물론 여유로움에 매몰되면 진전이 없다. 그러므로 공부에는, 너무 조급하지도 않고 너무 느슨하지도 않은 중도의 자기조절이 요청되는 것이다.

　　붓다는 거문고와 같은 현악기가 아름다운 소리를 낼 수 있는 것은, 줄이 너무 탱탱하지도 또 느슨하지도 않기 때문이라고 말했다. 그리고 한 가지 더 중요한 것은, 그 모든 줄들은 음이 전부 다르다는 독립성과 특수성을 가지고 있다는 점이다. 우리 모두는 각각의 서로 다른 고유성을 가진 밤하늘의 별과 같은 존재이다. 그리고 조금만 더 노력하면, 더 밝은 빛을 쏟아내는 것은 결코 어렵지 않다.

즐길 수 있는 사람만이 진정한 공부인이다

홈쇼핑에서 판매하는 운동기구는 절대 할부로 구입하면 안 된다. 왜냐하면 할부가 끝나기 전에 천덕꾸러기가 되어 있는 운동기구와 직면하기 때문이다. 왜 큰맘 먹고 산 운동기구가 이렇게 쉽게 무력화되는 것일까? 이유는 간단하다. 살을 빼야겠다는 내적인 막연한 목적을 홈쇼핑 방송이 환기시켜 냈지만, 그것이 지속력을 공급하지는 못하기 때문이다.

　　그렇기 때문에 분명한 목적과 즐거움의 가치가 필요한 것이다. 10일 정도 잠을 안 자고 게임을 하다가 죽은 사람에 대한 뉴스를 본 적이 있다. 이 세상에 무엇이 인간으로 하여금 10일씩이나 잠을 안 자게 할 수 있을까? 이와 같은 불가능을 가능하게 하는 일이 바로 즐거움이다. 즐길 줄 알아야만 반복되는 성장동력을 확보할 수 있으며, 이것이 결국 진정한 공부인을 완성하게 되는 것이다.

　　공자는 "여자를 좋아하듯이 덕을 좋아하는 이를 보지 못했다"고 말했다. 모든 인간이 이런 상황이니, 잘 안 된다고 해도 기죽을 필요는 없다. 그러나 처음부터 고양이를 그리려는 목표를 세울 수는 없는 것이다. 호랑이를 목표로 세워서 그리다보면 고양이를 그리게 되고, 또 계속해서 고양이를 그리다보면 어느덧 호랑이를 그리는 경지에 도달하게 된다. 그렇게 떼어 놓는 걸음 속에서, 진정한 공부인의 자세가 우리에게 서리는 것이다.

에피소드 #02

나도 머리가 제법 좋구나

"스님은 될 거예요"

아마도 나처럼 많은 교수님들에게, 다양한 과목의 수업을 들어본 사람도 없을 것이다. 그렇다보니 여러 독특한 교수님들을 만나게 되는 일도 많다. 일반적으로 인문학 쪽의 박사과정 수업평가는 발표를 통해서 이루어진다. 그런데 내가 만난 한 분은 기말고사로 평가를 하겠다고 하는 것이 아닌가. 그건 뭐 그럴 수도 있다. 그런데 그 시험이라는 것이 주관식과 객관식에 단답형과 괄호 넣기까지 섞어서 수십 문제가 나온다는 것이다. 여기에 객관식은 답이 2개거나 3개인 것도 있고, 주관식에는 한문 번역문제도 들어간단다. 아! 박사과정에 뭐 이런 시험이 있단 말인가?

　이 세상에서 가장 어려운 시험이 단답형의 괄호 넣기다. 이 문제는 진짜 모르면 그대로 어찌 해보지도 못하고 끝이다. 서술형은 장황한 돌려치기를 할 수 있고, 객관식은 아닌 것부터 제거하면서 나름의 촉을 발휘하면 된다. 그러나 괄호 넣기는 어떻게 옴짝달싹도 못하고 끝이 난다.

　더 황당한 건, 시험 범위를 미리 가르쳐 주면 일찍부터 공부하는 사람이 있어서 공정하지 않고, 또 공부 안 하는 사람도 스트레스를 받기 때문에 시험 1주일 전에 가르쳐 주겠다는 것이다. 말인 즉은 시험 스트레스를 미리 받지 말고 1주일 전부터 시작해 보자는 것인데, 이게 맞는 말인지 아닌지는 지금도 잘 판단이 서지 않는다.

시험 1주일 전에 공개된 시험범위는 한문 책 200쪽이었다. 이걸 괄호 넣기 하겠다는 말은 다 외우라는 뜻이 아닌가? 나는 내심 바로 포기했다. 이때 다른 학생들이 하는 말이, '우리는 안 돼도 스님은 될 거예요'라면서 나를 바라보는 것이 아닌가. 아, 이 터무니없는 기대치를 도대체 어떻게 하면 좋을까. 종교적인 위신 문제까지 걸린 실로 난감한 상황이 아닐 수 없었다.

태어나서 가장 열심히 공부하다

내 일생에서 이때처럼 열심히 공부한 때도 없는 것 같다. 이때는 언뜻 잠들어도 꿈속에서조차 계속 시험범위의 한문이 돌아가고 있을 정도였다. 그렇게 꼬빡 1주일을 보냈다.

시험 보는 날 교수님은 시험장에 비타민C를 가지고 왔다. 그리고 시험을 보고 나가는 사람에게 1000mg 비타민C 2알씩을 주면서, 고생했다는 말을 하는 것이 아닌가. 참 독특하고 재미있는 분임에 분명하다.

1주일 뒤 종강으로 시험문제에 대한 풀이수업이 있었다. 이때 시험 결과도 얘기해 주었는데, 당신은 이제까지 딱 2명에게만 A$^+$를 주었다고 하면서 이번에 3번째로 A$^+$를 주게 되어 매우 기쁘다고 하였다. 그 3번째 A$^+$를 받는 학생은 바로 나였다. A$^+$ 하나에 만감이 교차하는 순간이었다.

그러면서 내가 떠올린 생각은 스트레스야말로 머리를 틔워주는 가장 효과적인 방법이라는 것이었다. 나는 이후 시험 보는 사람들에게, "그

시험 떨어지면 망신망신개망신"이라는 말을 자주 사용하곤 한다. 이런 적절한 스트레스는 사람의 공부에 도움이 된다고 생각하기 때문이다. 물론 나는 비타민C를 주거나 하지는 않는다.

명상과 스트레스

나는 명상에 대해서 긍정적이지만, 공부와 관련된 명상에는 긍정적인 동시에 부정적이다. 명상이 사람의 능력을 신장시킨다는 데는 긍정적이지만, 자기만족을 주는 부분에 있어서는 부정적이기 때문이다. 이런 점에서 스트레스야말로 공부에 있어서는 조미료와 같은 존재라고 생각한다.

스트레스는 만병의 근원인 동시에 모든 능력의 원천이 되기도 한다. 스트레스가 없었다면, 내 머리가 그렇게 좋은지 평생 몰랐을 것이다. 벼락치기 공부를 해보면 우리 머리는 그렇게도 좋을 수가 없다. 다만 벼락치기의 단점은 뇌가 신속히 청정성을 유지하려는 뇌세탁 기능이 작용하면서, 얼마 뒤에는 암기한 것이 전혀 기억나지 않는다는 점이다. 그렇기 때문에 공부에는 적당한 스트레스를 타고 가는, 스트레스를 즐길 줄 아는 여유가 요구된다.

공부하는 사람에게 있어서 스트레스는 떨치고 극복하는 대상이 아닌, 배우자와 같은 애증의 동반자여야 한다. 이것은 '피할 수 없다면 즐겨라'나 '당당히 맞서는 정면 돌파'와는 다른 것이다. 마치 '전쟁 같은 사랑'이라고나 할까? 이러한 자세야말로 진정한 즐김의 가치이며, 인간을 각성시키는 최고의 마스터키라고 하겠다.

어떤 사람들은 명상이 별나게 대단한 것인 줄 안다. 그러나 명상이란, 자기를 조절하는 능력일 뿐이다. 그렇기 때문에 때로 이것은 능력의 효율성을 만들어내기도 하며, 사람을 행복으로 인도하기도 한다. 이런 점에서 본다면, 스트레스를 즐길 줄 아는 사람은 이미 명상가라고 이를 만하다. 그 사람에게는 이미 삶 자체가 유희의 명상이기 때문이다.

Chapter 03

주눅 들지 말고
자존감을 확보하라

결국은 도토리 키 재기일 뿐이다

달라봤자 사람이다

맹자는 「고자告子」에서, "사람의 발 크기를 잘 모르더라도 신발을 삼태기만 하게 만들지는 않는다"라고 말하였다. 즉 사람의 발이란 결국 큰 차이는 아니라는 말이다. 장자 역시 "사람들의 입맛은 다 제각각이지만, 최고의 요리사가 만든 음식은 모두 맛있다고 한다"라고 하였다. 이 역시 다름 속에서의 보편을 말하고 있는 것이다.

산행을 하다보면 간혹 까맣게 줄지어 가는 개미군단을 보는 경우가 있다. 그 개미들 중에는 사람으로 치면 인기 많은 아이돌도 있을 것이며, 몸짱도 있고 또 똑똑한 천재개미도 있을 수 있다. 그러나 미친 척하고 슥 하고 밟으면 행렬의 한 부분은 그걸로 전멸한다. 즉 그들의 차이라는 것은 그들끼리의 것일 뿐, 조금만 관점을 달리하게 되면 별 것이 아니라는 말이다.

인간들은 어떨까? 우리가 천재라는 사람과 둔재라는 사람. 그리고 젊어서 영민한 사람과 노년으로 생각이 흐릿한 사람. 이들 사이에는 큰 차이가 있는 것 같지만, 실은 모두가 밟히면 죽는 개미에 불과할 뿐이다. 그러므로 머리 좋은 사람을 이길 수 없다고 스스로 한계를 지어서는 안 된다.

우리가 너무 가까이 보고 있어서 그렇지, 사실 그것은 생각처럼 큰 차이가 아니기 때문이다.

◇◆◇
무의식을 믿고 정리하라

인간의 지능차이는 얼마나 날까? 특수한 경우를 제외하면 약 30% 정도일 것이다. 그렇다면 30%가 부족한 상황을 역전시킬 수 있는 방법은 없을까? 그 해법이 바로 효율성을 통한 선택과 집중이다.

스마트폰이나 PC가 느려질 때, 우리는 청소프로그램을 돌려서 파일을 정리해 시스템을 가볍게 만든다. 이것이 바로 효율성에 입각한 선택과 집중이다. 생각의 효율성을 극대화시키는 방법은 무엇이 있을까? 가장 쉬운 것은 스마트폰이나 PC와 마찬가지로 불필요한 부분을 정리하는 것이다.

바닥에 수백 권의 책이 널려 있다고 가정해보자. 그 속에서 원하는 책을 찾기는 쉽지 않을 것이다. 실제로 나처럼 책이 많은 경우에는 방 안에서도 책을 잃어버리는 경우가 종종 있다. 나름의 방식으로 정리가 되어 있지만, 필요에 의해서 뽑았다가 제자리에 꽂아 놓지 않으면 나중에 찾을 수 없게 되는 것이다.

도서관에서 가장 안 좋은 행위는 책을 다른 곳에 꽂아 놓는 일이다. 그렇게 되면 책은 있어도 책의 기능을 할 수 없게 된다. 보통 방 안에서 잃어버린 책은 일정시간이 지나면 찾아지지만, 우리 머릿속에서 잃어버린 정보는 도서관의 잘못 꽂힌 책처럼 찾는 것이 쉽지 않다. 그러므로 자신의 관점에 맞는 범주별 정리들이 필요한 것이다.

이 부분에서 어떻게 머릿속을 정리할 수 있느냐고 할지도 모른다. 그러나 뚜렷한 범주의식을 확립하고, 시간이 날 때마다 그것을 떠올리기만 하면 머리는 스스로가 정리한다. 앞서 '머리는 미치기 싫으면 정리한다'는 말을 한 적이 있는데, 이 역시 비슷한 원리라고 이해하면 된다. 머리에 반복되는 스트레스와 뚜렷한 방향제시만 있다면, 머리는 반드시 바뀐다. 사람들은 명상이 거창하다고 생각하지만 사실 이런 것이 바로 명상이다.

책을 책꽂이에 꽂으면 부피도 적게 차지하고 효율적이다. 그러나 이러기 위해서는 먼저 책장을 구입해야만 한다. 그 책장은 '뚜렷한 목적의식'과 '범주에 대한 구분'이다. 이것만 확립되면 우리 머리 속 책의 정리는 책스스로가 하게 된다. 즉 정리자는 현재의식이 아니라 무의식인 것이다. 이 정도만 완성되어도 이미 30% 중 상당 부분은 따라왔다고 할 수가 있다.

소신을 가지고 본질에 집중하라

◇◆◇
세상의 평가에 휩쓸리지 마라

나에 대한 평가는 매우 다양하다. 어린 시절에는 좀 부족하다는 게 주류였고, 청소년기에는 명상에 미쳐 있다는 게 일반적이었다. 실제로 내 고등학교 생활기록부를 보면, 3년 내내 명상과 도에 심취해 있다는 말이 적혀 있을 정도이다. 내가 후일 여러 전공공부를 하게 되는 이유 중 한 가지는, 명상을 통해서 터득한 내용을 말했을 때 주변사람들이 체계적인 근거를 댈 수 있느냐는 비아냥 때문이었다.

오늘날 나에 대한 평가 중에는 천재라는 것도 있고, 논문의 달인 혹은 논문의 신이라는 것도 있다. 또 너무 이론적이기만 하고, 명상과 같은 실천수행은 안 하는 사람이라는 평가도 존재한다. 이런 평가가 귀찮아서 고려대에서 선불교로 박사학위를 취득했다. 그랬더니 이번에는 선禪도 실수實修가 아닌 이론으로 하는 사람이라는 평가가 덧붙여지게 되었.

세상에 뭐 이런 냉탕온탕의 평가가 있을까? 실제로 나는 크게 바뀐 것이 없고, 어렸을 때와 마찬가지로 내 관점대로만 살고 있을 뿐이다. 그런데 사람들은 너무나도 상반된 평가를 하고 있는 것이다.

고등학교 때 읽은 『열자』에 '세상의 평가가 긍정적이어도 바뀌는 것은 없고, 부정적이라도 바뀌는 것은 없다'는 내용이 있었다. 나는 그때 『열자』를 보면서, 세상에 대한 기대를 버렸다. 덕분에 나는 태풍이 불어 커다란 파도가 일어도 심연은 한결같이 고요한 것처럼, 언제나 직진할 수 있는 의지를 확립하게 된다. 이것은 마치 연극배우가 메소드 연기를 하면서도, 내면은 타자화해서 결코 매몰되지 않는 것과 같다.

고등학교 때 담임선생님이 반 학생들에게 소중하게 여기는 가치를 조사한 적이 있다. 학생들은 성공이나 사랑 또는 재산 등을 비율에 맞춰서 분산하는 모습을 보였다. 그러나 나는 신념 항목 하나에 올인했다. 이 판단은 지금도 변함이 없다.

나는 나의 의지와 신념을 사랑한다. 그러나 이것은 고집과는 다르다. 충돌하는 가치는 결코 견고할 수 없다. 양보하면서도 성취할 수 있는 것, 이것이야말로 진정한 의지이자 신념이기 때문이다.

물은 막히면 돌아갈 줄 안다. 그렇기 때문에 결국 바다에 이르는 것이다. 『노자』도 '바다가 모든 골짜기의 제왕이 되는 것은 스스로 낮기 때문'이라고 했으니, 매우 합당한 말이다.

◇◆◇
죽음을 넘어서는 가치에 대한 집중

유연한 정신경계만이 죽음을 넘어서는 참다운 가치가 될 수 있다. 꿈속에서 뒤바뀌어도 인지할 수 없는 것들, 이런 모든 측면들은 결국은 헛된 것일 뿐이다.

『상자』에는 '낮에 주인과 종이었던 이가, 밤에 꿈을 꾸게 되면 뒤바

꾼다'는 내용의 이야기가 수록되어 있다. 이러한 설정을 하고서, 장자는 주인과 종 중 누가 더 좋은지를 묻는다. 그러나 나는 이렇게 쉽게 변화할 수 있는 가치들은 모두 다 헛된 것이라고 말하고 싶다.

끔찍이 여기는 가족도 그리고 심지어는 자기 얼굴이 꿈속에서 바뀌어도, 꿈꾸는 이는 이 상황을 전혀 인식하지 못한다. 바꿔 말하면 이와 같은 것들은 모두 다 지말에 불과한 가치일 뿐이다. 그렇다면 본질은 무엇인가? 이 본질에 대한 추구가 바로 불교를 포함하는 동양학의 목적이다. 또 이것을 알기 위해서는 투철한 신념에 대한 집중이 무엇보다도 필요하다.

붓다의 가르침은 우리 스스로가 붓다가 되는 것에 있다. 유교 역시 요·순과 같은 성인聖人이 되라는 가르침이며, 도교 역시 신선이 되는 방법론일 뿐이다.

율곡이 20세에 지은 「자경문自警文」 제1조에는 "내 뜻은 성인이 되는 것에 있고, 조금이라도 성인에 미치지 못했으면 내 할 일은 끝난 것이 아니다"라고 적혀 있다. 스스로를 완성해서 행복에 도달하는 것, 이것이 바로 동양의 공부법인 것이다.

그렇지만 그것은 비단 정신적인 경계에 제한되어서는 안 된다. 현실에서 통하지 못하는 것이 정신적으로만 통한다는 것은 난센스다. 즉 공부의 목적은 성인이 되는 진정한 행복 추구에 있지만, 그것은 동시에 현실에서도 성공으로 통할 수 있어야만 한다는 말이다. 이 점을 착각하면 스스로의 정신 속에 갇히는 담판한(擔板漢: 커다란 판자를 지고 있는 사람으로서, 주위를 둘러보지 못하는 고집스럽고 편벽된 사람을 일컬음)이 되고 말 뿐이다.

공부법에 정답은 없다

나에게 맞는 것이 바로 정답이다

정답이란 다수가 소수를 길들이고 억압하는 수단적인 요소가 강하다. 사실 모든 사람이 지문처럼 다르다는 점을 감안한다면, 하나의 정답을 요구한다는 자체가 모순이라는 것을 인지해 보는 것은 어렵지 않다.

인생에도 정답이 없는데, 어떻게 공부법에 정답이 있겠는가? 그러므로 여러 가지의 방법론들을 통해서 자신의 색깔을 찾는 것이 가장 중요하다. 이 세상에 유일한 정답은 나에게 맞는 것일 뿐이기 때문이다.

정답과 같은 강박관념에 스스로를 몰아넣지 마라. 어떻게 해야 된다는 생각에 빠지지 말고, 내 방식을 찾는 것이 중요하다. 또 여기에서의 내 방식이란, 그저 내가 편하게 목적에 도달할 수 있는 방식이라는 점도 유의할 필요가 있다.

나는 인간의 삶에 있어서 관점을 열어 놓는 것이 가장 중요하다고 생각한다. 공부도 마찬가지다. 누구나 할 수 있는 공부법은 필연성이 없다. 그보다는 나만이 할 수 있는, 나에게만 맞는 맞춤복과 같은 공부법이야말로 의미가 있는 것이다.

물론 이와 같은 나의 생각에 반드시 동의할 필요는 없다. 무엇이 맞다고 하는 것이 중요한 것이 아니라, 나의 대체大体를 확립하는 것이 중요하기 때문이다. 이외에 다른 가치들은 모두 이에 도달하는 수단일 뿐이다.

◇◆◇
이 세상에 버려질 것은 없다

붓다 당시에 지바카라는 명의가 있었다. 중국으로 치면 화타나 편작과 같은 인물이라고 이해하면 되겠다. 지바카는 서북인도의 탁실라에 유학하면서 의술을 배웠는데, 하루는 스승이 산에 가서 약이 되지 않는 초목을 찾아오라는 지시를 내렸다. 지바카가 하루 종일 산속을 돌아다녔지만, 약이 되지 않는 초목을 발견하지 못했다. 왜냐하면 모든 초목에는 각기 다른 나름의 약성이 존재하고 있기 때문이다. 그래서 이 사실을 말하자, 스승은 지바카의 공부가 다 되었다고 인정하게 된다. 우리식으로 치면 '더 이상 가르칠 것이 없으니 하산하도록 하거라' 하는 정도라고나 할까?

모든 것은 그 자체에 맞는 쓰임새가 있게 마련이다. 우리에게도 반드시 그러한 특수성은 존재한다. 그러나 그 길을 발견하는 자물쇠는 우리 외에는 열 수가 없다. 그것이 공부와 관련해서 자각이 요청되는 이유인 것이다. 왜냐하면 이 길을 발견하게 될 때, 가장 극대화된 최고의 효율성을 확보할 수 있게 되기 때문이다. 만일 이것을 찾지 못한다면, 차선으로 가장 유용하다고 판단되는 방식을 선택하는 것이 올바르다. 즉 내 길을 찾는 것이 최선이요, 검증된 방법은 그 다음의 차선이라는 말이다.

명의는 평생 같은 약을 두 번 쓰지 않는다. 모든 사람이 동일한 감기에 걸렸다고 하더라도, 사람의 체질에 따라서 약 성분에 차이가 발생하기 때문이다. 이것은 마치 미대생들이 똑같은 정물을 그려도, 보는 위치와 빛의 차이 등에 의해서 각각의 서로 다른 그림이 완성되는 것과 같다.

내가 남과 다르다는 특수에 대한 인식은 공부법에 있어서 중요하다. 왜냐하면 비교대상이 없는 존재는 자존감이 무너질 수 없기 때문이다.

올림픽과 같은 능력에 따른 서열강조는, 야만적인 원시사회의 잔재일 뿐이다. 그러므로 굳이 이와 같은 방식에 동의해줄 필요는 없다. 나는 나로서 충분하며 떳떳하다는 점을 인식하는 것. 이것이야말로 내가 존재하는 이유이며, 나의 공부법을 찾을 수 있는 열쇠인 것이다. 즉 공부 역시 나의 특수성에 입각한 완성이 중요하다는 말이다.

자존감이 없으면 공부도 없다

◇◆◇
내가 나를 믿지 못하면 누가 나를 믿겠는가?

공부에서 가장 중요한 것은 자존감이다. 자존감은 공부의 바탕이 되고, 이를 토대로 해서 새로운 정보와 지식이 쌓이게 된다. 또 이와 같은 과정에서 자존감 자체도 점차 변모한다. 그러므로 자존감이 없으면 공부를 할 배경 자체가 존립하지 않게 된다.

산신령에게 끊임없이 복권 당첨을 기도한 사람이 있었다. 그러던 어느 날 산신령이 실제로 나타나는 일이 발생했다. 그런데 산신령이 그 사람에게 한 말은 전혀 의외의 하소연이었다. "복권을 사야 당첨을 시켜주지."

공부에 있어서 복권에 해당하는 것이 바로 자존감이다. 그렇기 때문에 자존감이 무너지면 공부는 표류하게 된다. 붓다는 불교의 비판자나 다른 종교인들보다도, 유물론자처럼 정신적인 것에 관심이 없는 사람들을 가장 싫어했다. 비판자나 타종교인에게는 정신적인 에너지가 존재한다. 그러므로 이들을 리모델링할 수 있는 여지가 있는 것이다. 그러나 정신적인 측면에 전혀 관심이 없는 사람에게는 어떠한 방법도 없다. 즉 백약이 무효인 상태가 연출되는 것이다. 공부에 있어서도 자존감을 놓치면 방법이 없다.

물길이 잘못 흐르는 것은 고치면 된다. 그러나 물 자체가 말라 있는 샘에는 방법이 없다. 공부에서 가장 안 좋은 것이 포기이다. 나는 평생 포기라는 말을 모른다. 내게는 다만 작전상 후퇴만이 있을 뿐이다. 이런 게 바로 내 공부의 근성인 것이다.

『장자』에는 '두 사람의 다툼과 관련된 중간 판단자는 존재할 수 없다'는 매우 흥미로운 이야기가 수록되어 있다. A와 B가 논쟁을 한다고 하자. 두 사람은 논쟁 중이니 서로 우길 경우에는 당연히 제3자의 판단이 필요하게 된다. 그런데 그 판단자가 A쪽의 견해와 가까운 사람이라고 하자. 이런 경우는 당연히 A에게 유리한 판단을 하기 때문에 객관적인 판단이 불가능하게 된다. 그럼 반대로 B와 가까운 경우는 어떨까? 이 경우도 B와 가깝기 때문에 객관적인 판단은 불가능하다.

그럼 A·B의 중립에 서있는 사람은 어떨까? 그런데 이 사람은 말 그대로 중립에 서 있기 때문에 한쪽으로 치우친 판단이 불가능하다. 그럼 반대로 A·B와 무관한 경우는 어떨까? 그러나 이렇게 되면 A·B를 전혀 알지 못하니 판단할 수가 없게 되는 문제가 발생한다.

이 이야기는 모든 판단은 주관적인 한계를 벗어날 수 없다는 것을 잘 드러내준다. 장자는 여기까지만 말을 했다. 그러나 나는 내가 결부될 때는 그렇지 않다고 말하고 싶다. 홈그라운드의 이점상, 이런 경우에는 내가 옳다는 판단도 가능하기 때문이다. 즉 이 세상의 모든 가치는 판단될 수 없으며, 내가 결부된 모든 경우는 내 판단의 정당성이 확보할 수 있다는 말이다. 궤변같이 들릴지도 모르지만, 이와 같은 생각이 있어야만 자존감이 높아지며 쉽게 무너지지 않게 된다.

성인聖人을 무시하라

우리가 어린 시절부터 접하는 위인전기나 역사책 속의 인물들은 모두 다 보통사람들이 아니다. 역사책에 한두 줄의 기록만 실려 있어도, 그 사람은 당시대를 주름잡은 인물임에 틀림없기 때문이다. 여기에 더 나아가 성현급에 이르면 더 할 말이 없게 된다.

나는 어린아이에게 위인전기 등을 읽히는 것이, 안 좋은 교육방법 중 하나라고 생각한다. 처음부터 이런 사람들에게 눈높이가 맞춰져 버리면, 현실적인 주변인들은 무능력해지게 보이기 때문이다. 그러나 진정 살기 좋은 세상은, '존경하는 인물로 위인이 아닌 자신의 부모를 꼽는 사람들이 많은 나라가 아닐까' 하고 생각하는 것이다.

우리나라에는 '남자라면『삼국지』를 3번 정도는 읽어야 한다'는 말이 있다. 덕분에 이문열의『삼국지』는 우리나라에서 가장 많이 팔리는 스테디셀러가 되었다. 아마 지금까지 이문열이 지은 모든 새로운 창작활동의 결과물에 의한 인세보다,『삼국지』의 인세가 훨씬 더 많지 않나 싶다.

그러나『삼국지』는 역사를 전공하는 나 같은 사람의 입장에서 보면, 소설에 불과한 허구일 뿐이다. 특히 그 속에 내포된 중화주의는 실로 놀라울 정도이다. 이 세뇌의 결과로 인해서 현대에도 삼국지게임은 가장 많은 종류가 나와 있는 동아시아 게임이 되어 있다.

소설인지도 잘 모르는 아이들이『삼국지』를 읽게 되면, 장군은 으레 관우와 같아야 하고 지략가는 단연 제갈량이 최고가 된다. 내가 아는 한 전 세계의 전쟁사에서 가장 위대한 전쟁은, 살수대첩이 있었던 고高·수隋전쟁이다.

145
자존감이 없으면 공부도 없다

당시 수나라가 동원한 군대는 약 300만이었다. 300만이라는 숫자는 당시 고구려 인구 전체에 필적할 정도로 대단한 것이었다. 이 불가능을 승리로 이끈 영웅이 바로 을지문덕이다. 그러나 우리의 인식 속에서 이 고·수전쟁은, 『삼국지』의 적벽대전만 못한 것으로 되어 있다. 또 을지문덕은 관우나 제갈량에 훨씬 미치지 못하는 인물로 각인되어 있을 뿐이다.

그러나 적벽대전은 크게 과장된 것에 불과하다. 또 사람들은 '신적인 관우와 제갈량이 있었음에도 왜 촉은 삼국을 통일하지 못하는가'라는 기본적인 의문을 제기하지 않는다. 관우가 안량과 문추의 목을 베러 나가기 전에 조조가 따듯하게 데워진 술을 권하자, 식기 전에 돌아오겠다고 한 뒤 적장을 베고 와서 '아직 식지 않았군'이라고 한 말은 너무나도 멋드러진다. 그러나 알고 보면 이것은 전부 소설적인 허구에 지나지 않는다.

위인이나 성인들은 어떨까? 『삼국지』 속의 관우나 제갈량처럼 우리는 윤색된 그들의 특정 면모만을 보고 있는 것은 아닐까? 또 그들은 우리가 봐주고 알아주기 때문에 가치가 빛나는 것은 아닐까? 그렇다면 내가 없다면 그들의 위대성도 무너지는 것은 아닐까? 마치 1등은 1등이 아닌 사람들에 의해서 만들어진 가치이므로, 1등이 아닌 사람들이 다 빠져버리면 1등도 의미가 없게 되는 것처럼 말이다. 이런 점에서 본다면, 판단 주체인 나야말로 가장 소중한 존재인 것이다. 왜냐하면 우리의 판단에 의해서, 그들은 비로소 성인이고 위인일 수가 있기 때문이다.

이렇게 놓고 보면, 성인이나 위인이 성인이나 위인일 수 있도록 해주는 것은 모두 '나'일 뿐이라는 것을 알게 된다. 즉 그들에게 부여된 가치는 어떤 의미에서는 나에게 매여 있는 것이라는 말이다. 이쯤 되면 '굳이 성인이나 위인을 존경할 필요가 있을까'를 생각해보게 된다. 즉 그들은 그들이고 나는 나일 뿐이라는 말이다. 이 정도의 당당함이 생긴다면 공부의 기초는 모두 완성된 것이다.

모든 것을 알 필요는 없다

위인의 위대성에는 함정이 있다

공부를 할 때 연구대상에 대한 존경심을 가지는 것은 가장 큰 금물이다. 존경심이 생기면 이해 안 되는 것도 억지로 이해하려는 모습을 견지하게 되고, 또 나는 안 되지만 연구대상인 그 사람은 가능하다는 허구 속에 빠지기 때문이다.

인간의 능력 차이라는 것은 그렇게까지 대단할 것이 없다. 또 현대가 확보하고 있는 문명의 시각 폭은, 과거 위인들의 시야와는 비교도 될 수 없다. 이런 점에서 현대의 우리들이 이해하지 못하는 것을, 과거의 위인들이 쉽게 이해한다는 것은 가능성이 별반 크지 않다. 무슨 뜻인가 하면, 위인들의 머리가 우리보다 더 좋다고 하더라도, 우리에게는 현대문명이라는 커다란 시야가 존재하기 때문에 그들과의 두뇌 차이가 커버될 수 있다는 말이다.

위인과 관련해서 이해가 잘 안 되는 부분들을 면밀히 살펴보면, 시대와 문화적인 차이에서 기인하는 오해인 경우가 대부분이다. 즉 모든 사유와 관점은 그것이 발생하는 배경시대로부터 자유롭지 못한데, 후일 이

문화배경이 바뀌게 되면 그것에 대한 이해가 쉽지 않게 되는 것이다.

예컨대 동아시아 전통의 효 문화에서, 자식은 부모가 만든 소유물의 개념을 가진다. 덕분에 『삼국유사』의 「손순매아孫順埋兒」에서는, 어머니의 음식을 뺏어 먹는 아들을 손순 내외가 산 채로 생매장하려는 내용이 수록되어 있다. 이때 손순이 부인을 설득시키는 말이, '자식은 또 나오면 되지만 어머니는 한 분뿐이라는 것'이다. 지금 생각해보면 도저히 이해 안 되는 논리에 중범죄일 뿐이지만, 당시로서 이는 충분한 논리의 타당성을 확보하고 있었다. 그렇기 때문에 마침내 국가로부터 효자라는 표장이 내려지기에 이르는 것이다. 바로 이와 같은 측면들이 배경문화의 차이에 따라서 이해하기 어렵게 되는 부분들이다. 손순 이야기는 이렇게 집어서 들으면 그나마 공감대가 가능하지만, 이것이 기후환경이 다르거나 철학이나 사상적인 부분으로 들어가게 되면 이해하기는 더욱 어렵게 된다.

◇ ◆ ◇
모든 위인을 친구로 삼아라

성균관대의 마크는 은행잎이다. 성균관대의 마크가 은행잎이 되는 것은 공자가 행단杏壇에서 제자들을 가리친 것에서 연유한다. 이 행단의 '행杏'자를 한국유교에서는 전통적으로 은행나무로 파악했다. 그래서 서울의 성균관에는 오늘날까지 보호수로 지정된 오래된 은행나무가 존재하고 있으며, 성균관대 역시 은행잎으로 학교의 상징을 삼고 있는 것이다.

그러나 우리나라와 달리 중국에는 은행나무가 거의 없다. 실제로 공자가 산 산동성 곡부에는 은행나무가 아예 없다. 즉 행단의 행은 사실, 은행이 아닌 살구나무를 가리키는 표현이었던 것이다.

공자가 우리나라 성균관의 은행나무를 보면 과연 무슨 생각을 할까? 또 퇴계와 율곡은 공자가 가리킨 행단이 은행나무가 아닌 살구나무였다는 것을 알면 또 무슨 생각이 들까? 사실 위인들의 가르침을 이해하기 힘든 측면에는, 이와 같은 시대와 문화배경 차이에 의한 부분들이 상당수 존재한다. 그러므로 공부에는 '과연 그런가'에 대한 줄기찬 비판의식이 있어야만 한다.

그런데 상대를 존경하게 되면 이와 같은 비판의식이 존재할 수 없게 된다. 그러므로 연구대상은 그것이 위인이 아니라 성인일지라도, 친구와 같은 인식이 있어야만 한다. 친구처럼 친근하고 편안한 생태에서, 잘 이해가 안 되면 '왜 그렇지'라고 물을 수 있는 구조가 확립되어야만 하는 것이다. 그래야 공부가 발전하고 자유로워지게 된다.

또 때론 성인이라도 무시할 수 있는 배포와 자신감도 있어야 한다. 그래야만 주눅 들지 않는 나만의 공부법에 따른 즐거움이 깃들게 되기 때문이다.

◇◆◇
이해가 안 되면 설명을 잘못한 것이다

머리가 좋은 사람일수록 어려운 말과 표현을 쓰는 것을 좋아한다. 그것은 아무래도 자신의 앎에 대한 표현을 통해서, 자신의 존재가치를 드러내려고 하기 때문이다. 그러나 이와 관련해서 붓다는 아주 흥미로운 말을 하고 있어 주목된다. "말을 했으나 상대가 알아듣지 못하면, 그것은 소리에 불과할 뿐이다"라고.

언어는 뜻의 선달에 목적이 있다. 그런데 언어를 사용함에도 뜻이 전달되지 못했다면, 그것은 더 이상 언어가 아닌 소리일 뿐이다. 즉 개소리와 같은 무의미한 잡음인 것이다.

　책을 읽을 때도 이해가 안 되는 경우가 있다면, 작자가 설명을 명확하게 못했다는 점에 분노해야 한다. 괜히 자신에게 칼날을 돌려서 자책감에 빠지게 되면, 우리의 내면은 점점 깊은 수렁으로 빠져들기 때문이다.

　우리는 눈을 한 번 감는 것으로 전 우주를 사라지게 할 수도 있는 최고의 능력자들이다. 이런 우리가 이해 못할 내용은 없다. 다만 설명이 잘못되었기 때문에 이해가 안 되는 것일 뿐이다. 또 이것이 반복된다면 그 작자는 상태가 안 좋은 사람이니 무시해 버리고, 다른 사람의 책을 보면 된다. 만일 그렇게 해도 안 된다면 그쪽 학문은 나와 인연이 없다고 판단해서 접으면 그만이다.

　세상을 살면서 모든 학문과 모든 분야를 알 필요는 없다. 그리고 나에게 의미가 있는 것은 내가 선택해주는 가치일 뿐이다. 그러므로 내가 먼저 버려서 그들의 잘못을 응징할 필요가 있다. 그렇게 자존감을 잃지 않으면서 나에게 맞는 학문과 책을 찾으면 될 뿐이다. 이렇게 되면 공부는 점차 즐거운 영역으로 발전해 나가게 된다.

공부는 남에게서 배우는 것이 아니다

우리는 기억상실증에 걸렸을 뿐이다

책상 위에 노트가 있다고 가정하자. 이것은 붙어 있는 것인가, 떨어져 있는 것인가? 붙어 있는 것처럼 보이지만, 엄밀하게는 떨어져 있는 것이다. 그렇기 때문에 우리가 노트를 책상에서 들어 올리는 행위가 성립할 수 있게 된다. 또 사실 양자 사이에는 미세해서 그렇지 엄연한 공간이 존재하는 것 역시 사실이지 않은가!

일반적으로 공부는 책이나 스승을 통해서 선행하는 지식을 습득하는 것이라고 이해한다. 그러나 떨어져 있는 대상의 지식이 어떻게 나에게 전달될 수 있을까? 그것이 과연 가능하기는 한 것일까?

우리가 둥근 지구의 모습을 육안으로 볼 수 없는 것은, 지구로부터 떨어져 있는 거리라는 조건을 갖추고 있지 않기 때문이다. 즉 조건이 성숙되어 있지 않은 것이다. 그러나 우리가 무당과 달리 귀신을 볼 수 없는 것은, 이와는 상황이 다르다. 즉 우리에게는 귀신을 보는 기능 자체가 존재하지 않는 것이다. 이런 점에서 두 경우에는 차이가 있다.

매의 눈이나 개의 코와 같은 예민한 감각기관이 인간에게는 없다.

그것은 감각기관의 능력 자체에 차이가 존재하는 부분이다. 그러므로 이런 경우는 노력을 통해서도 개선될 여지가 없게 된다. 그러나 지구를 육안으로 보는 것은, 누구나 우주선을 타고 지구 밖으로 나가기만 하면 가능한 일이다. 즉 조건이 성숙되지 않은 것이지, 우리에게 능력이 결핍되어 있는 것은 아니라는 말이다.

스승에 의한 지식의 습득은 귀신을 보는 것이 아니라 우주선을 타고 나가서 지구를 보는 것과 같다. 그리고 지구를 보는 데 있어서 가장 중요한 것은 바로 나에게 보는 능력이 있다는 사실이다. 스승은 신이 아니기 때문에 보는 능력 자체를 주지 않는다. 다만 관점의 환기를 통해서 주체적으로 볼 수 있는 각성을 이끌어 내는 것일 뿐이다. 여기에서의 각성은 기억상실증 환자가 기억을 회복하는 것에 비유할 수 있다.

실패는 없고 단지 유희만 있을 뿐이다

기억상실증에 걸린 사람이 회복할 수 있는 기억은 이미 존재했던 기억에 한정된다. 공부라는 것 역시 이런 것은 아닐까? 무엇을 배우는 것이 아니라, 이미 갖추어져 있는 것들 중 일부를 일깨우는 것일 수 있는 것이라는 판단이다. 즉 모든 공부는 他를 통한 나의 자각일 뿐이라는 말이다.

이것은 동아시아 전통의 공부법 중 하나이기도 한데, 이와 같은 관점은 매우 중요하다. 왜냐하면 타인에게서 배우는 것이 외부적인 새로운 유입이라면, 잘 배우지 못하는 것은 내 능력이 부족한 것이 된다. 그러나 내 내면의 일부를 각성시키는 것이라면, 모든 인간의 능력적인 차이는 존재하지 않는 것이 되기 때문이다. 즉 양자 사이에는 어떤 새로운 문제를 대하는 데 있어서의, 자신감과 자존감에서 큰 차이가 발생하는 것이다.

다른 사람의 나에 대한 평가 중에 '포기를 모른다'는 것이 있다. 기억상실증에서 회복하는 것이라는 관점을 가지면, 이 세상의 공부에 포기할 일이란 존재할 수 없다. 왜냐하면 거기에는 빨리 기억해 내는 것과 늦게 기억해 내는 것의 차이만 존재하지, 실제로 내가 모르는 영역이 존재하는 것은 아니기 때문이다.

또 이와 같은 관점을 견지하면 실패해도 자괴감이 발생할 수 없다. 실패시의 자괴감은 재도전과 다른 일에 대한 새로운 도전을 방해한다. 그러나 모든 것이 내 문제일 뿐이라는 관점을 확립하게 되면, 실패는 없고 단지 유희만이 있을 뿐이다. 또 이와 같은 불굴의 도전력은, 공부에 있어서 필승의 전략 중 하나가 된다는 것에 의심의 여지가 없다.

◇◆◇
다름을 인정하라

모든 인간이 모두 다 똑같이 생각하고 똑같이 판단한다면, 이 세계는 단색의 참으로 밋밋하고 재미없는 세상이 될 것이다. 인간의 머리나 지능도 마찬가지다. 다른 사람이 나보다 우수해 보이는 것은, 의외로 그 사람의 경기방식에 내가 나도 모르게 들어와 있기 때문인 경우가 많다.

내가 발재간이 좋지 못하다면, 굳이 축구를 할 필요는 없다. 이런 사람들에 의해서 핸드볼이나 럭비와 같은 경기가 만들어진 것은 아닐까?

『논어』에는 "경이원지敬而遠之"라는 말이 있다. 즉 '공경하지만 멀리하라'는 뜻이다. 공부도 마찬가지다. 목표를 세우는 것은 중요하지만, 넘을 수 없는 벽을 만드는 것은 옳지 않다. 왜냐하면 모든 사람의 능력은 다르고, 우리 모두는 특수한 존재로서의 각기 다른 고유의 의미를 내포하고 있기 때문이다. 그러므로 존중은 해주면서 다름을 인정해줄 필요가 있는 것이다. 여기에는 내가 굳이 그렇게 될 필요가 없다는 점을 이해하는 것 역시 중요하다.

다름에 대한 이해를 분명히 하면 비교대상이 없어진다. 또 비교대상이 없어지면 언제나 편안하고, 편안하면 자신이 소유한 능력이 최대한 잘 발휘될 수 있게 된다.

어떤 사람이 수정 구슬을 연못에 빠트렸다. 그때 당황해서 물을 휘저으면 수정 구슬을 찾는 것은 점점 요원해진다. 그러나 조금만 기다리면서 타자화시키면, 물과 수정 구슬이 모두 투명하지만 빛의 굴절각도에 따른 차이로 인해서 결국은 보이게 된다. 이때 꺼내면 된다. 공부도 마찬가지다. 다름을 인정한 상태에서 타자화시키며 서두르지 않는 것, 이렇게 되면 어려움은 스스로 사라지며 가장 바른 길이 드러나게 될 것이다.

나를 넘어서는 존재는 있을 수 없다

◇◆◇
산길은 많은 사람이 지나간 결과물일 뿐이다

산에 길이 존재하는 것은 많은 사람들이 지나갔기 때문이지, 길이 산에 처음부터 존재했던 것은 아니다. 물론 새로운 길을 개척하는 것은 어렵다. 그러므로 이미 나 있는 길을 이용하는 것이 타당하다. 그러나 그럼에도 그 길이 반드시 정답이 아니라는 점은 명심할 필요가 있다.

나는 모두가 '예' 할 때, 혼자서 '아니요'라고 말하라고 하지는 않는다. 그것은 바람을 거슬러서 달리는 것과 같아서 훨씬 더 많은 노력이 필요하기 때문이다. 단지 '예'라고 하면서도 '아니요'일 수 있는 가능성을 열어 놓으라고 말하는 것이다.

산길을 만들면서 가는 것은 무모하다. 그러나 이와 동시에 기존의 산길에 안주하는 것은 재미도 없고 새로운 나를 마주할 기회도 잃어버리게 된다. 그러므로 때로는 일탈할 수 있는 용기와 도전정신이 필요한 것이다. 그래야만 다른 사람을 넘어서는 참나를 발견할 수 있게 되기 때문이다.

공부의 목적을 수립할 때, 그 분야의 최고인물을 이상으로 삼는 경

우가 있다. 이렇게 되면 목표가 구체적이면서도 손쉬운 것이 사실이다. 그러나 이와 동시에 나의 가능성에 대한 제한이 발생할 수도 있다는 점을 유의할 필요가 있다.

인간은 완전할 수 없기 때문에, 그 분야에서 신화적인 인물이라고 하더라도 결함이 없는 것은 아니다. 그런데 특정인을 이상인물로 수립하게 되면, 그와 같은 단점도 영향을 미칠 수 있게 된다. 그러므로 인물보다는 목적 자체에 보다 주목할 필요가 있다. 물론 특정인물을 수단적으로 쓸 수는 있다. 그러나 이는 제한적인 수단일 뿐이라는 점을 분명히 해야만 한다.

독립인으로서 세상과 마주하라

붓다는 법사의 法四依에서 "의법불의인依法不依人"이라는 가르침을 설하였다. 해석하면 진리에 의지하고 사람에 의지하지 말라는 뜻이다. 인간이라는 한정된 존재에 스스로를 제한할 필요는 없다. 그러므로 성현이라도 '경이원지'하는 높은 기상이 필요한 것이다.

천지를 요와 이불로 사용하고 우주의 별빛을 등불로 삼는 것 같은 원대함은 없더라도, 사람에게 굴복하는 것은 너무나도 무력한 것이 아닌가? 신도 비웃을 수 있는 정신경계를 갖춰야만 우주와 더불어 유희하는 최고의 존재가 될 수 있는 것이다.

그리스 철학의 한 학파에 견유학파犬儒學派(Cynics)가 있는데, 이들은 개와 같은 생활을 하는 것으로 유명했다. 하루는 견유학파의 디오게네스에게 알렉산더 대왕이 찾아갔다. 마침 햇볕을 쬐고 있던 디오게네스에게, 알렉산더는 소원을 들어주겠다는 제안을 한다. 이때 디오게네스는 '왕이 가리고 있는 햇볕으로부터 비켜달라'고 하였다. 공부인이라면 이와 같은 자유로운 정신자세가 필요하다. 진정한 공부란 이와 같은 자신감 속에 깃드는 것이기 때문이다.

책에 있는 말을 다 믿을라치면 책이 없는 게 낫다

◇◆◇
책은 믿을 게 못 된다?

역사학에서는 '근거 없는 얘기를 하지 말라는 것'이 있다. 그러나 역사는 진짜 현실을 반영하는 것일까?

동아시아 역사학의 최고 스타는 단연 중국의 사마천이다. 실제로 『사기』의 「열전列傳」에는, 두 사람 간에 얽힌 대화들이 긴장감 있게 수록되어 있는 모습을 쉽게 읽어볼 수 있다. 고등학교 때 이런 책을 보면서 가장 먼저 든 의문은, '사마천은 과연 누구한테 이 얘기를 들었을까?' 하는 것이었다.

동시대 사람의 일을 직접 들은 기록도 아니고, 수백 년 전의 일들이 현장감 있게 쓰여 있다는 것은 전부 그럴듯한 거짓이 아닐까? 즉 작자의 판단에 의해서 가감된 것일 수 있다는 말이다. 더욱이 이러한 이야기들 속에는, 두 사람 사이의 비밀에 대한 은밀한 내용들도 다수가 포함되어 있다. 두 사람 중 누구도 말하지 않았을 것 같은 내용들이 마치 음성파일로 전해오는 것처럼 정확하게 기록되어 있는 것이다. 이것은 더 이상 생각해 볼 필요도 없는 극화된 허구라는 것을 의미한다.

『맹자』의 「고자告子」편은 맹자와 고자의 대론을 기록한 것이다. 그런데 논리만을 놓고 본다면, 맹자보다도 고자의 타당성이 더 높다. 그런데도 책의 내용을 보면 맹자가 이긴 것처럼 되어 있다. 왜인 것일까? 당연히 작자가 맹자이기 때문이다.

우리는 흔히 '불리한 놈이 목소리가 크다'는 말을 한다. 맹자가 불리하자 책에 적으면서 자기식의 기술을 하고 있는 것이다. 또 여기에는 이긴 입장에서는 굳이 기록할 필요가 존재하지 않았을 수도 있다는 점도 생각해볼 필요가 있다. 이렇게 놓고 본다면, 모든 전해지는 기록들은 왜곡을 위한 수단일 수도 있다는 생각이 들기도 한다.

이 정도가 되면 현대에 전해지는 과거의 학문들은 모두 다 거짓을 기초로 하고 있다는 판단도 가능하게 된다. 그런데 재미있는 건 맹자에 "책에 있는 말을 다 믿을라치면 책이 없는 게 낫다"라는 말이 수록되어 있다는 점이다. 즉 맹자 시대에도 책에는 거짓이 판치고 있었던 것이다. 그리고 그것은 『맹자』역시 예외는 아니라고 하겠다.

◇◆◇
공부를 우습게 보라

역사나 전통문화와 같은 것은 그렇다고 하더라도, 과학 같은 현대학문은 다르지 않을까? 그러나 과학이 가설의 학문이라는 점을 생각해보면, 이것 역시 반드시 그렇지 않다는 점을 이해해보게 된다. 모든 과학적 진리는 더 발달하는 이론을 위한 디딤돌일 뿐이다. 이런 점에서 이 역시 허구라는 한계로부터 결코 자유롭지 못하다.

이런 점에서 본다면, 전통학문에서 현대학문에 이르기까지 모든 학문은 전부 허구와 관련된다고 할 수가 있다. 즉 '진리가 살아남는 것이 아니라, 살아남는 것이 진리'라는 점에 주목할 필요가 있는 것이다. 물론 그렇다고 해서 이러한 학문들이 모두 의미가 없다는 뜻은 아니다. 마치 뉴턴의 만유인력이나 아인슈타인의 상대성이론이 깨지기 위한 이론이지만, 그럼에도 존재가치는 충분히 인정될 수 있다는 점 역시 사실이기 때문이다. 그럼에도 이렇게 말하는 것은, 허구의 학문을 공부하면서 너무 큰 스트레스를 받을 필요는 없다는 것을 주지해주고 싶어서이다.

학문이 곧 진리이며, 그렇기 때문에 무조건 어떤 방식을 반드시 학습해야 한다는 것과 같은 규정은 존재할 수 없다. 이렇게 되면 훨씬 유연한 자유로움 속에 자신을 풀어 놓을 수가 있게 된다. 공부에 종속되지 말고 공부를 우습게 볼 수 있어야 공부는 비로소 쉬워진다.

연인끼리만 밀당을 하는 것이 아니라, 공부와도 때론 밀당을 할 필요가 있다. 아무리 마음에 들더라도 너무 일방적으로 매달리면 매력이 떨어지게 마련이다. 공부하는 데 있어서도 마찬가지다. 때론 과감히 무시할 수 있는 멋스러움도 부려봄이 마땅하다. 왜냐하면 바로 이런 것이, 공부의 한 재미이며 낭만이기 때문이다.

새롭게 배우는 것이란 존재하지 않는다

◇◆◇
외줄 타는 사람은 밧줄의 세계만을 본다

천만 관객 영화 중에 2005년에 개봉했던 〈왕의 남자〉가 있다. 이 영화의 배경 가운데 외줄타기가 등장한다. 외줄을 타는 광대는 모든 신경을 오로지 외줄에만 집중한 채 공연을 펼친다. 이 얇은 줄은 광대의 닫힌 세계이다. 광대가 줄에서 떨어지면 광대는 대지라는 거대한 세계를 만나게 된다. 플라톤의 동굴의 비유에서처럼, 햇불을 버리면 햇불보다 억만 배는 더 밝은 태양과 만나게 되는 것이다. 그러나 동굴의 비유 속 군중들은 끝내 햇불을 버리지 못한다.

우리의 인식판단에서 뇌는 광대의 외줄과 같다. 공자는 『논어』에서 '인간이 스스로를 한계 짓고 나아가지 않음'을 책망한다. 맞는 말이다. 바다에 떨어진 빗방울은 빗방울의 한계를 무너트려야만 바다로 재탄생할 수 있기 때문이다. 그리고 이것이 되기 위해서는 먼저 자신을 이기는 극기克己가 무엇보다 필요하다.

불교의 유식학唯識學에서는, 인간의 가장 깊은 심층심리 속에는 모든 사람의 인식이 연결되어 있는 '통체적인 집단인식(ālaya識)'이 존재하고 있다고 설명한다. 고전심리학자인 칼 구스타프 융은 이와 같은 불교의 관점을 차용해서 집단무의식이라는 측면을 제시한 것으로 유명하다.

좀 복잡한 것 같지만 사실 내용적으로는 간단하다. 개별 PC는 각각의 저장 공간인 하드디스크를 가지고 있다. 즉 이것은 각기 분절되어 있는 개별적인 영역을 의미한다. 그러나 인터넷은 어떤가? 그것은 무한한 공유영역이다. 거기에서 중요한 것은, 원하는 정보를 빠르고 효율적으로 취합할 수 있느냐가 관건이 된다. 즉 관점이 다른 것이다.

◇ ◆ ◇
배움이란 익히는 것이 아니라 공유일 뿐이다

미래의 PC에는 하드가 필요 없게 된다. 인터넷이 개별적인 하드의 영역마저 통합하게 되기 때문이다. 실제로 현재 유행하는 클라우드 서비스는 이와 같은 변화를 잘 나타내주고 있다. 이러한 구조가 완성되어 인터넷 속에 개별성과 집단성이 동시에 존재하게 되면, PC는 그곳으로 연결되는 통로의 구실만을 하게 될 뿐이다. 이와 같은 사고를 공부법에 대입해 보면 어떻게 될까?

인터넷 속에서 내가 원하는 정보나 파일을 나의 개별 PC로 복사해 올 필요 없이, 그 자체를 공유해 버리면 끝나게 된다. 즉 누군가의 선행연구를 힘들게 학습할 필요 없이 공유하면 되는 것이다. 개별 다운로드의 번거로움 없이 공유를 통해서 내가 이용할 수 있는 길이 열리면 그만이다. 바로 이와 같은 관점에서 공부를 보는 시각이 필요하다.

무엇을 배운다는 관점은 이미 서로 간에 간격이 있다는 것을 전제로 한다. 그러나 일체라는 관점은 곧 아무것도 나의 밖으로 유리될 수 없다는 것을 의미한다. 맹자는 「진심盡心」편에서 "만물개비어아萬物皆備於我" 즉 '일체는 모두 나에게 갖추어져 있다'라고 하였다. 바로 이와 같은 관점에서 밖에서 접근해 간다는 공부에 대한 인식을 전환해, 안에서 확인하는 것이라는 인식을 수립할 필요가 있다. 즉 공부란 새로운 것을 학습하는 것이 아니라, 잃어버린 기억을 회복하는 것일 뿐이라는 말이다.

앞서도 언급했던 적이 있는데, 동양학은 기억상실증 환자가 자신의 기억을 되찾아 가는 것과 같은 것을 진정한 공부로 보았다. 이는 화엄사상의 성기설性起說이나 신유학의 시조인 주돈이의 「태극도설太極圖說」을 통해서도 분명하게 확인된다. 물론 이것을 증명하는 것은 쉽지 않다. 그러나 이와 같은 관점이 모든 공부하는 사람에게 무한한 자신감을 부여하게 된다는 점만은 매우 분명하다.

공부가 재미있어서 하는 사람은 없다

◇◆◇
공부란 밥 먹는 것과 같다

율곡은 조선을 대표하는 천재이다. 덕분에 신하 중에는 가장 고액권인 5천 원 권 지폐에 들어가 있다. 또 5만원 신권이 만들어질 때도, 화폐인물이 신사임당으로 결정되는 것 역시 모두 율곡의 영향 때문이다. 한마디로 율곡이 신사임당을 화폐에 꽂아준 셈이다.

율곡에 대한 수식 중 '구도장원공九度壯元公'이라는 것이 있다. 율곡은 9번이나 장원급제를 했다는 뜻이다. 장원급제는 요즘으로 치면 전국 전체 수석을 의미한다.

조선시대의 과거는 매년 치러진 것이 아니다. 정기적인 식년시는 3년에 한 번씩 열리곤 했다. 여기에 간혹 치러지는 특별시가 있다는 점을 감안한다고 하더라도, 9번이면 최소 20년 이상 전국전체수석을 했다는 의미가 된다.

율곡이 49세에 사망했다는 점을 고려하고, 만년에는 지위가 너무 높아서 과거에 응시할 수 있는 상황이 아니었다는 점을 감안한다면, 평생 1등을 했다는 결과가 도출된다. 물론 9번은 많다는 의미로 사용된 것으로 실질적인 숫자는 아니다. 5번 정도 확인되는 것이 전부인 것 같다. 그러나 이것만으로도 최고라는 수식을 붙이기에는 충분하다.

이렇게만 놓고 본다면, 율곡은 공부를 매우 즐겼던 천재적인 인간으로 판단된다. 실제로 율곡과 관련된 설화 속에는 율곡이 인간스캐너와 같은 천재였음을 확인해 보는 것이 어렵지 않다. 그런데 이황의 『퇴계집』에는 공부 때문에 스트레스 받는 율곡의 모습이 기록되어 있어 흥미롭다. 즉 『율곡집』에는 승승장구한 것으로만 기록되어 있는 율곡도, 사실은 공부가 재미있지만은 않았던 것이다.

사람들은 나에게도 '공부하는 것이 재미있느냐'고 물어보곤 한다. 나는 그때마다 재미있어본 적이 없다고 대답해준다. 그리고는 '다만 특별히 할 일도 없고 하니, 노는 입에 염불한다고 하는 정도일 뿐이다'라고 말한다. 그런데 어떤 분은 "할 일 없다고 스님처럼 여가생활을 하지는 않는다"고 대답한다. 그런가? 듣고 보니 또 그런 것 같기도 하다. 어떤 의미에서 공부는 밥과 같다. 밥은 맛있을 때도 있고 맛없을 때도 있다. 그러나 그냥 그렇게 평생을 먹는 것이다. 공부도 이런 정도일 뿐이다.

내가 아는 한 세상에 공부가 재미있어서 하는 사람은 아무도 없다. 그렇게 알려진 모든 사람들도 조사에 착수하면 모두 다 나름 인내하며 하고 있을 뿐이다. 물론 그 인내의 강도는 사람에 따라서 차이가 있는 것 역시 사실이다. 공부가 싫은 사람일수록 바로 이 점을 잘 알아둘 필요가 있다.

◇◆◇
진정한 공부는 할수록 힘이 붙는다

내가 월정사에 살면서 배운 것 중 하나는, 눈이 어떻게 빙하가 될 수 있는

지에 관해서다. 월정사는 2018년 동계올림픽 지구인 강원도 평창에 위치한다. 그렇다보니 겨울에는 눈이 많이 내린다. 쌓인 눈이 낮에는 좀 녹아서 아래로 물이 스며 내려가고, 밤에는 얼기를 반복한다. 그렇게 몇 달이 지나면 부드러운 눈은 사라지고 켜켜이 쌓인 빙하가 만들어지게 된다. 실제로 어떤 해에는, 이렇게 쌓인 것이 너무 단단해서 착암기를 사용해 깨는 경우까지도 있었다.

공부 역시 바로 이렇게 익숙해지는 것이다. 사실 공부뿐만 아니라 모든 일들이 이와 같은 원리에 의해서 견고해지고 힘이 붙게 된다.

부드러운 눈이 빙하같이 단단해지면, 봄볕에도 녹지 않는 진풍경이 한동안 연출된다. 반복되는 공부가 힘이 붙으면 어지간해서는 흔들리지 않고 무너지지 않는 상태가 되는 것이다.

공부 또한 이와 같이 오늘의 나를 또 다른 나로 만들어간다. 그리고 세월의 무게와 더불어 현실적인 문제를 줄이고 정신의 경계를 자유롭게 만들어주는 것이다.

공부하는 방법은 한 가지가 아니다

잘 잊는 것이 중요하다

책을 100권 정도 읽었을 때는 기억력이 좋은 사람이 압도적으로 유리하다. 그러나 1,000권, 2,000권, 5,000권, 10,000권을 보게 된다면 어떻게 될까? 과연 책의 제목과 지은이 그리고 출판사를 기억할 수 있는 사람이 존재할까? 내용은 차치하고라도 지은이조차 기억할 수 없게 되는 것이 현실이다. 그런데 이 상황에서 남게 되는 것 중에, 이미지가 존재한다는 점에 주목할 필요가 있다.

어린 시절 봤던 영화들의 대다수는 내용을 기억하지 못한다. 그렇지만 TV 등에서 그와 관련된 내용을 보게 되면, 그 영화를 봤을 때의 이미지가 떠오르면서 잠시 그때의 향수에 젖게 된다. 사실 과거에 대한 기억들을 떠올려보면, 우리는 구체적인 사건과 관련된 내용을 기억하는 것이 아니라 그 사건과 관련된 이미지를 기억한다는 것을 알 수 있다.

나처럼 기억력에 문제가 있는 사람이, 대학원에서 머리 좋은 학생들을 손쉽게 이길 수 있는 방법이 바로 여기에 있다. 젊은 학생들은 기억에 의존하는 주입식 공부에 능하다. 그러나 대학원에 오게 되면 많은 관련 정보들을 접하고 처리해야 하는 상황에 봉착하게 된다. 이때 기억에 의존하고, 이를 수업노트처럼 일목요연하게 정리하는 방식밖에 교육받지 못한 사람들은 허둥댈 수밖에 없다. 물론 이공계라면 상황이 다를 수도 있다. 그러나 인문학이나 동양학·종교·철학처럼, 정답이 뚜렷하지 않은 학문영역인 경우 이와 같은 문제는 더욱 심각하게 된다. 나는 처음부터 정리하지 않는 방식을 사용했기 때문에 큰 문제가 없지만, 정리하는 사람들로서는 입력되는 정보의 과다로 인해서 결국 머리가 다운되는 상황이 연출되고 마는 것이다.

채우는 것도 중요하지만 잊는 것도 중요하다. 특히 어떤 학문이든지 고급 영역으로 올라갈수록 승부를 가르는 것은 기억력이 아니라 창의력이다. 이런 점에서 기억에 의존하는 공부법은 인문학에서는 사람을 버리는 방식이 될 뿐이다. 그보다는 자유방임형의 방목스타일이 더 효율적이다. 그리고 이것은 인문학의 목적인 인성 및 즐거운 교육과 직결되는 것이기도 하다.

◇◆◇
너무 목적에 얽매이지 마라

『맹자』의 「공손추公孫丑」에는, 싹을 빨리 자라게 하기 위해서 손으로 뽑아올리는 송나라 농부에 대한 이야기가 수록되어 있다. 결국 그 싹은 모두 말라 죽게 된다. 여기에서 나온 말이 바로 '조장助長'이다. 맹자는 순리에 따라서 "물조장勿助長" 즉 억지로 조장하지 말 것을 강조했지만, 요즘은 오히려 '~을 조장한다'는 표현으로 더 널리 쓰이고 있다.

농부는 수확이라는 목적에 집중하나가 결국 목적을 잃어버리게 된다. 이런 사람이 과연 송나라 농부뿐일까? 맹자는 "천하지불조묘장자과의 天下之不助苗長者寡矣"라고 하여, '천하에 조장하지 않는 이는 드물다'라고 했는데 맞는 말이라고 하겠다.

공부도 마찬가지다. 목적은 한 발자국 떨어져서 유원悠遠하게 보는 것이지, 너무 딱 붙어서 쉬지 않고 달려서는 성취될 수 없다. '전 우주를 가리는 데는 동전 2개면 충분하다'는 말이 있다. 동전 2개를 두 눈에 붙이면 되기 때문이다. 공부를 할 때 이렇게 조급하고 목적에 매몰되어서는 안 된다. 목적에 대한 집중은 중요하지만, 그것은 동시에 보다 유원한 방법을 요청받는다. 마치 마라토너가 완주와 1등을 생각하기 때문에 페이스를 조절하는 것처럼 말이다.

◇ ◆ ◇
자고나니 다 배워져 있다

모국어를 배우는 과정은, 거리를 두고 떨어져 있는 방식의 배움에 내재하는 효율성을 잘 나타내준다. 우리가 한국말을 배울 때를 생각해보자. 아무런 생각도 없이, 그저 엄마 등과 방바닥을 굴러다니며 먹고 자고 하면서 한 2년 정도 뭉갠 것이 전부이다. 그러다가 어느 순간 '엄마'라는 말이 입 밖으로 나온 뒤로는 실로 놀라운 가속도가 붙기 시작한다. 그렇게 몇 년이 더 지나면 생각보다도 말을 더 빨리하고 있는 자신을 발견하게 된다.

우리는 흔히 생각을 하고 말을 하는 것으로 알고 있다. 그러나 어떤 경우에는 말을 하면서, '내가 지금 이 말을 하면 안 되는데'라고 생각하는 경우에 직면하곤 한다. 즉 생각이 오히려 말을 따라가고 있는 것이다. 이와 같은 현상은 완전히 체화된 모국어에서만 나타난다.

모국어는 유일하게 문법교육이 필요 없는 가장 자유로운 구사어이다. 정확하게 말하면 모국어의 문법이란, 우리가 내지르는 말의 순서를 정리한 것에 지나지 않는다. 이 점이야말로 모국어가 외국어와 다른 가장 큰 특징이라고 하겠다.

그런데 이것의 기초가, 사실은 젖먹이 시절의 별 목적 없이 누워있던 시기에 있다는 점을 주목할 필요가 있다. 실제로 부모가 언어장애를 가지고 있는 경우에는 제아무리 오래 누워 있다고 하더라도 아이는 모국어를 습득하지 못한다. 즉 모국어의 습득은 결국 어깨 너머 교육인 셈이다. 이는 사투리 환경에서 자란 아이가 평생 고칠 수 없는 억양의 사투리를 구사하는 것을 통해서도 분명해진다.

유명한 강남의 어학원 선생님보다도, 목적 없이 누워 자는 학습효과가 월등히 탁월하다는 점은 주목할 필요가 있다. 왜냐하면 어떤 명강사도 모국어 수준의 외국어를 가르칠 수는 없기 때문이다. 또 우리는 이를 통해서, 공부에는 실로 다양한 길이 열려 있다는 점을 인지해야만 한다.

공부에는 왕도가 없다고 하지만, 실제로 공부에는 우리가 느끼지 못하는 다양한 왕도가 존재하는 것이다. 물론 이와 같은 가치들을 효율적으로 재구성해서 유효한 가치를 파생하는 것은 우리 자신이지만 말이다.

에피소드 #03

도전을 즐기고, 공부에서 낭만을 찾아라

자연보호라는 이중성

자연을 보호하기 위해서 일회용품 사용을 반대하는 분들이 있다. 그러나 한 번 더 생각해 보면, 일회용품을 줄인다고 진짜 자연이 보호되는 것일까? 또 여기에서 우리가 개념규정하고 있는 자연이란 무엇인가? 그것은 인간의 삶에 유리한 자연을 의미하는 것은 아닐까?

　무슨 말인고 하면, 우리가 생각하는 자연이라는 것이 지구의 입장에서는 자연이 아닐 수도 있다는 말이다. 지구는 탄생에서 수십억 년 동안 끓어 오르는 뜨거운 시기를 거쳤다. 이런 점을 감안한다면, 지구에게 가장 익숙한 것은 마그마가 샘솟는 확탕지옥과 같은 모습일 수도 있다. 우리가 생각하는 지구의 자연이란 인간이 생활하기 좋은, 지구 역사에서 보면 최근에 갖추어진 환경일 뿐이다. 이런 점에서 자연보호란, 사실은 자연을 위한 자연보호라기보다는 인간을 위한 자연보호일 뿐이다. 즉 인간이 더 오래도록 풍요롭고 잘 살기 위해서 주장되는 구호가 바로 자연보호인 것이다.

　이런 점에서 본다면 자연보호란 매우 역설적이다. 그리고 어떤 의미에서 궁극적인 자연보호란, 우리 인간이 지구에서 사라져 주는 것일 수도 있다. 즉 자연보호론자는 이타적일 수도 있지만, 역설적이게도 가장 이기적일 수도 있는 것이다.

이런 것이 바로 이중성이다. 모든 일에는 음지와 양지가 있게 마련이다. 이 중 우리가 어느 쪽 관점에서 보느냐에 따라서, 그 일의 정당성이 달라지게 될 뿐이다. 그러므로 전체의 관점에서 보게 되면, 가감이란 애초부터 존재할 수 없다. 에너지 보존의 법칙에서처럼, 전 우주의 관점에서 보게 되면 늘어나는 것도 줄어드는 것도 그 자체는 존재하지 않는 것이다.

공부에도 이런 정신이 필요하다. 다만 이런 자세를 가지고 퍼져있지 말고 강하게 충돌하는 용기가 요청된다. 잃을 것이 없다면 영원한 전진이 가능하기 때문이다.

손해가 아니라면 무조건 던져봐라

나는 학교에 돈을 낸다는 생각이 별로 없다. 학교에는 여러 가지의 장학금 제도가 있고, 이걸 통해서 대부분 환수할 수 있기 때문이다. 나는 지금까지 학교를 다니면서 수천만 원의 장학금을 받았다. 아무 데나 눈에 띄면 그냥 막 지원해보고는 까먹는다. 그러다가 됐다고 하면 좋은 거고 아니면 말고다. 이 과정이 전체적으로 재미있을 뿐, 스트레스를 받거나 하지는 않는다. 처음부터 나에게 맞추어진 것도 아니고, 나는 그냥 던져본 것에 지나지 않기 때문이다.

어떤 사람들은 꼭 될 때만 내고, 그렇지 않으면 들러리 서는 것이라고 싫어한다. 그러나 나는 들러리라도 괜찮다고 생각한다. 들러리 서주는 것도 나름의 복을 짓는 행위 아닌가! 그래서인지 나는 누구보다 장학금을 많이 받은 사람 중 하나가 되었다. 세상은 바로 이런 거다.

'밑져야 본전'인 상황에서는 자존감이 무너질 여지가 존재하지 않는다. 그러므로 끊임없는 도전이 가능하다. 나는 대학교수 채용도 해당사항만 있으면 막 던져본다. 재미있는 것은 요즘은 평가가 나름 객관화되어 있기 때문에, 나처럼 실적이 많은 경우는 본선에 올라가게 된다는 점이다. 한번은 마지막 총장 면접에서, 내가 세상물정을 너무 모른다고 판단했는지 총장 왈 "스님, 아무리 그러셔도 스님인 이상은 안 됩니다"라고 하는 게 아닌가. 제아무리 실적이 많아도 일반학교에서 스님을 교수로 임용할 수는 없다는 말이었다. 그래서 나도 걍 경험 삼아 와 본 거라고 대답해줬다. 그리고 사인하고 차비도 받았으니, 일당벌이는 한 셈으로 손해는 아니지 않은가!

그런데 주변을 돌아보면, 나처럼 이렇게 생각하는 사람은 극히 드물다. 대부분의 사람들은 하나에 올인하면서, 수년간 공을 들여가며 아예 작품을 만들고 있다. 물론 이해 안 되는 것은 아니나, 이것은 무언가 뒤바뀐 삶이 아닌가 싶다. 목적에 집중하는 것은 옳다. 그러나 어떤 목적이라도 그것에 얽매이는 것은 바람직하지 않기 때문이다.

나는 큰 손해가 없다면 무조건 도전하라고 말하고 싶다. 도전의 실패가 때론 아픔일 수도 있지만, 그럼에도 그것은 내일을 위한 더욱 거대한 성장으로 돌아올 수 있는 가치이기 때문이다.

양보는 이긴 뒤에 하는 것이 더 멋있다

나는 매사에 양보를 권하는 사람은 아니다. 나는 투쟁을 즐기며 도전을 부추기는 사람이다. 그럼에도 모든 일에는 원인의 정당성을 생각한다. 이유는 원인이 정당해야 결과가 좋지 않은 경우에도 후회가 남지 않기 때문이다.

그러나 때론 원인의 정당성이 불분명한 경우도 있으며, 어떤 때는 역으로 원인의 정당성이 결과의 정당성에 의해서 확보될 때도 있다. 그러므로 특별하지 않다면 양보하는 것보다는 이기는 것이 좋다. 양보는 이긴 뒤에 해도 늦지 않기 때문이다.

내가 가장 동의할 수 없는 속담이, "맞은 사람은 발 뻗고 자도 때린 사람은 발 못 뻗고 잔다"는 것이다. 이 속담은 현실을 전혀 반영하고 있지 않은데, 아마도 맞아만 본 사람이 자기방어기제로 만든 속담이 아닌가 한다.

멋진 양보를 위해서라도 이겨라. 그리고 다시 돌아오지 않을 오늘을 위해서 최선을 다하라. 이것이야말로 공부의 진정한 낭만이라고 하겠다.

Chapter 04

이제 도서관은 필요 없다

자신을 길들여서 불필요한 내전을 종식시켜라

가장 다루기 힘든 사람은 바로 나이다

공부에서 가장 문제가 되는 것은 다름 아닌 나다. 그렇기 때문에 나를 길들이는 것이야말로 가장 중요하다. 사마천은 『사기』에서, '명마는 채찍 그림자만 봐도 달려간다'고 적고 있다. 내 자신이 나의 의지에 반하지 않고, 채찍 그림자만 보고 달려가는 명마가 된다면 공부는 쉬운 일이 된다. 그러나 한 번 더 생각해보면, 제아무리 명마라고 해도 처음부터 그랬을 리는 만무하다. 즉 이것은 오랜 반복훈련을 통한 결과라는 점을 유의할 필요가 있는 것이다.

모택동이 국공합작의 결렬로 장개석 군대에 쫓겨 대장정을 하는 과정에서, 공산당은 농민들에게 농사도구를 빌렸다가 갖다 주는 일을 되풀이했다고 한다. 쫓기는 상황이라 농사를 지을 일이 있었던 것은 아니다. 다만 이는 언제 갖다 준다고 약속하고 빌려와서 그날에 갖다 주며, 농민들의 신뢰를 얻기 위한 처사였다. 결국 이와 같은 신뢰가 쌓임으로 인하여, 결국 모택동은 중국을 차지하고 유리했던 장개석은 대만으로 밀려나게 된다.

나를 긴드를함에 있어서도 신뢰가 가장 중요하다. 사람들은 흔히 타인과의 약속은 중시하면서, 스스로의 다짐과 같은 약속은 경시하는 경향이 있다. 그러나 진정 중요한 것은 타인과의 약속이 아니라 '나와 나의 약속'인 것이다. 이것을 이해하는 것이 핵심이다.

이를 위해서 우리는 대장정의 공산당처럼, 사소한 반복으로 신뢰를 두텁게 해야 할 필요가 있다. 예컨대 나는 '하루에 무조건 3번은 이를 닦는다'거나, '하루 50페이지는 책을 읽겠다'와 같은 어렵지 않은 약속을 한다. 그리고 그것을 반복적으로 실천하면 된다. 물론 이러한 과정에는 때로 지키기 어려운 일이 발생하는 경우도 있다. 그러면 처음부터 일주일에 5일만 그렇게 하겠다고 유연한 약속을 하면 된다. 아니면 부득이한 상황이 발생했을 경우에는 예외일 수 있다고 처음부터 약속을 해버리는 것도 한 방법이다.

관건은 얼마나 힘들게 반복하느냐가 아니다. 약속을 어기지 않는 조건을 충족시키느냐에 있다. 즉 현재의식과 내면의 신뢰관계가 쌓여, 내가 한 번 결정한 일은 무조건 한다는 인식이 확립되어야 한다는 말이다. 이렇게 되면 나중에는 한 번 현재의식이 의사결정한 것에 대해서는 내적인 잡음이 발생하지 않게 된다. 즉 잘 훈련된 군대처럼 내면을 움직이는 것이 가능해지는 것이다.

이런 상태의 진행과정을 확인하는 것은, 자기 전에 '나는 내일 5시에 눈을 뜨겠다'와 같은 것을 시도해보면 된다. 어느 정도 이상 훈련이 되면, 알람과 같은 외부기계에 의존하지 않고서도 저절로 그 시간에 눈이 떠지면서 정신이 활동 상태로 전환된다. 마인드 컨트롤이 잘 안 된 상태라면, 눈이 떠지지 않거나 떠졌다고 하더라도 여러 가지 핑계거리가 떠오르면서 움직이기 싫은 상태를 만들어내게 된다.

어떤 책이든 끝까지 읽어라

공부에 있어서 책을 끝까지 읽는 버릇을 들이는 것은 무척 중요하다. 현대는 책과 같은 정보들이 말 그대로 홍수를 이루는 시대이다. 덕분에 재미가 없거나 흥미롭지 않으면, 책을 읽다가 포기하는 경우가 발생하기 쉽다. 그러나 이것을 좌시하게 되면, 나중에는 아주 흥미로운 책 외에는 끝까지 읽기가 힘들게 된다.

또 책을 쓰는 작자는 책의 전체를 구성해서 작업에 돌입하게 마련이다. 그러므로 때론 부분이 아닌 전체를 봤을 때 이해되는 구조도 존재하게 된다. 그렇기 때문에 끝까지 읽는 습관을 만드는 것은 내가 선택한 책에 대한 신뢰를 강화한다는 점. 그리고 내적인 지구력의 신장과 정확한 판단을 위해서도 반드시 필요한 측면이라고 하겠다.

도저히 읽기 힘든 책인 경우에, 나는 '이걸 쓴 사람도 있다'라고 생각한다. 쓴 사람도 있는데 한 번 읽어주는 정도야 뭐 그리 어려울 것이 있겠는가?

나는 절판된 경우처럼 특별하지 않으면 책을 사서 보는데, 사서 보는 것 역시 끝까지 읽는 것에 도움이 된다. 왜냐하면 사서 보면 '내가 산 것이 아까워서 본다'는 생각이 파생되기 때문이다. 물론 상황에 따라서는, 재미없는 책은 좀 더 속도를 빨리해서 보는 것도 한 방법이 된다. 그러나 아무튼 중간에 멈추는 버릇을 들이는 것은 나의 선택에 대한 철회라는 점에서, 내적인 컨트롤에 매우 부정적인 요인으로 작용한다는 점을 명심할 필요가 있다.

◇◆◇
황제의 말에는 취소가 없다

중국의 4대 미녀 중에 왕소군王昭君이 있다. 전한의 원제元帝(재위 BC. 48~33)에게는 너무 많은 후궁이 있었기 때문에, 후궁인 왕소군이 미녀인지를 알지 못했다. 그래서 북방의 흉노족이 부인될 여인을 요구하자 왕소군을 보내는 것을 재가하게 된다.

원제는 나중에 왕소군이 천하의 절색임을 알고 후회했지만, 이를 번복할 수는 없었다. 왜냐하면 황제가 말을 취소하는 일이 발생하면, 군주의 권위가 손상되어 명령이 안 먹히는 문제가 발생할 수 있기 때문이다. 그렇게 해서 중국회화의 소재로 유명한 〈소군출새昭君出塞〉, 즉 왕소군이 북쪽으로 떠나는 애잔한 장면에 대한 그림이 탄생하는 것이다.

우리는 내면과 관련해서 황제와 같은 자세를 배워야 한다. 즉 어떤 일이 있어도 취소를 하면서 자신을 합리화해서는 안 되는 것이다. 이런 일이 발생하게 되면, 현재의식에 대한 무의식의 토달기가 시작된다. 결국 이것이 발전하면서 잡념과 번뇌가 늘어나, 춘추전국시대와 같은 내전상태가 펼쳐진다. 이렇게 되면 공부는 그만두고, 나의 발전을 기대하는 것 자체가 요원해진다.

『대학』의 8조목八條目 중 일반적으로 알려진 것은, 수신修身·재가齊家·치국治國·평천하平天下의 4가지뿐이다. 그러나 이것은 8조목이기 때문에 그 앞에 4가지가 더 존재한다. 그것은 격물格物·치지致知·성의誠意·정심正心이다. 이 말은 사물에서 이치를 확립하고, 뜻을 정성스럽게 해 마음을 바로한다는 의미이다. 그렇게 내면이 통일되면 비로소 몸을 닦고 가정을 다스릴 수 있으며, 그것을 확대해서 국가와 세계에까지 이르게 된다는 것이다. 즉 천하를 평정하는 근본은, 주의 깊은 공부와 이를 통한 내적 통일이라고 하겠다. 젊음이라는 도전정신이 있다면, 이와 같은 호연지기를 가져 보는 것도 또한 멋진 낭만이 아니겠는가!

익숙해 질 때까지는 무엇이고 힘든 법이다

정공법이 가장 빠른 길이다

모든 일은 처음에는 쉽다가, 어느 정도 하게 되면 진전이 쉽지 않은 상황에 봉착하게 된다. 이때 사람들은 두 종류로 갈라진다. 주저앉는 경우와 묵묵히 반복하면서 버티는 경우이다. 전자는 더 이상의 발전을 기대할 수 없지만, 후자는 처음에는 무모한 것 같지만 계속 반복하다보면, 어느 결에 그 다음의 2단계로 넘어가게 된다. 나는 이것을 대나무 같다고 표현한다.

대나무는 한 마디 안에서는 뚫려 있기 때문에 쉽게 나아갈 수 있다. 그러나 곧 단단한 판막과 마주하게 되고, 이것을 뚫는 것은 한 칸 전체를 지나온 것보다 더 힘든 상황이 된다. 그러나 그 판막이 뚫리면, 또 한동안은 순탄하고 재미있게 전진할 수가 있다. 그러다가 또 다음 단계의 판막에 봉착한다. 모든 발전은 바로 이렇게 이루어진다.

누가 더 고수인가 하는 것은, 몇 개의 판막을 뚫었느냐와 직결된다. 그리고 판막을 뚫는 방법은 별다른 게 없다. 그저 가장 약한 곳을 골라서, 계속 반복적으로 충돌하는 것 이상은 없는 것이다.

어렸을 때 무릎 꿇고 앉는 것을 연습한 적이 있다. 발목에 베개 같은 것을 넣을 경우, 무릎을 꿇게 되면 하복부에 힘이 들어가면서 허리가 곧아져 호흡과 같은 수행에 유리하기 때문이다.

그러나 문제는 무릎 꿇고 오래 있기가 어렵다는 점이다. 누구나 그렇지만 처음에 무릎을 꿇게 되면 5분쯤 지나서 발에 쥐가 나기 시작한다. 이때 몸을 움직이거나 다리를 풀어주면 계속해서 5분 벽을 넘을 수 없게 된다. 독하게 마음먹고 10분쯤 버틸 수 있으며, 신기하게도 다음부터는 5분에서는 쥐가 나지 않는다. 즉 한 번만 죽기로 버티는 것이 한계를 극복하는 방법인 것이다. 이렇게 계속 버티면 나중에는 몇 시간도 앉아 있을 수 있게 된다.

어린 시절 이러한 일을 경험하면서, 세상일도 모두 이와 같을 것이라고 생각했었다. 실제로 내가 지금까지 경험한 모든 일들은, 이러한 법칙에서 크게 벗어나지 않는다.

심지어는 인간관계조차도 이와 같은 원칙이 그대로 적용된다. 한 번 어느 선이 넘어가면 다음에도 그 선 정도에서부터 관계가 시작되는 것이다. 그러므로 모든 능력신장은 의지를 가지고 참는 것에 그 핵심이 있다. 그리고 그렇게 하기 위해서는 무엇보다도 목적에 대해 집중하는 것이 필요하다.

◇ ◆ ◇

절제를 통한 쾌락만이 진정한 쾌락이다

반복되는 노력은 익숙함을 유발하고, 이것은 다시금 편안함을 동반하게 된다. 이런 점에서 반복되는 노력은 매우 중요하다. 그러나 익숙함에는 설렘이라는 것이 없다. 가족을 생각하면 이해가 쉽다. 가족은 편안하지만 동시에 밋밋하다. 익숙함만 있고 설렘이 없으면 정체되어 발전하지 못한다. 그러므로 익숙해지는 동시에, 익숙함을 떨치고 일어서는 비판적인 사고가 필요하게 된다.

영국 BBC 다큐 프로에서 행복하게 사는 부부에 대한 내용을 본 적이 있다. 거기에는 80대 노부부가 행복하게 사는 내용이 있었는데, '어떻게 그 나이가 되도록 행복하게 사느냐'를 묻는 질문에 노인의 답은 의외로 간단했다. "나는 직장 생활하듯이 가정생활을 한다." 직장은 적절한 긴장감이 있는 공간이다. 그러므로 이 대답은 가정에서도 완전히 자신을 풀어 놓지 않는다는 의미이다.

편한 것이 좋은 것은 맞지만, 너무 편하게 되면 나중에는 무기력하게 된다. 그러므로 적절한 긴장감을 만들어 내는 것은 자신의 발전을 위해서 매우 소중하다.

그리스 철학에 에피쿠로스학파가 있는데, 이들은 쾌락주의를 지향하는 집단이었다. 그러나 에피쿠로스학파는 이후 발전하면서는 금욕주의로 방향을 전환하게 된다. 왜냐하면 계속해서 쾌락에 절어있다 보니, 그것은 쾌락이 아닌 고통으로 변모했기 때문이다.

예를 들어서 일주일 동안 열심히 일하고 금요일에 술을 마신다고 치자, 그것은 쾌락이 된다. 그러나 술이 쾌락이라고 판단해서 일주일 내내 술만 마시게 되면, 점차 술에서 오는 쾌락은 사라진다. 그러다가 술에 절어서 알코올중독자가 되면, 더 이상의 쾌락은 없고 헤어나올 수 없는 고통만이 남게 된다.

후대의 에피쿠로스학파는, 절제를 바탕으로 하는 쾌락만이 더 큰 쾌락으로 다가온다는 점에 주목했다. 즉 '절제하는 쾌락주의'라는 상호모순

구조를 만들어낸 것이다. 이로 인해서 금욕을 통한 쾌락이라는 쪽으로 전환하게 되고, 결국은 금욕주의로까지 발전하기에 이른다. 이 정도가 되면 완전히 본말이 전도된 것이다. 그럼에도 절제를 통한 쾌락이라는 공식만큼은 분명하고 명확하다고 하겠다.

　　발전하고 싶다면 현재 익숙한 가치를 부정하라. 그리고 안정되고 싶다면 반복해서 익숙해져라. 이와 같은 두 가지의 이중구조가 선순환하도록 하면, 공부의 진전은 물레방아처럼 빠르게 회전하면서 이루어지게 된다.

'70%의 법칙'을 이해하라

◇◆◇
책의 내용은 70%를 알 때 가장 재미있다

소설이야 내용을 모르고 읽는 것이 당연히 재미있다. 그렇기 때문에 요즘 소설은 장을 나누기는 해도, 넘버링만 하고 소제목을 붙이지 않는 경우가 많다. 왜냐하면 책을 읽어가면서 어느 정도의 내용을 파악하게 되면, 소제목만으로도 책의 흐름이 유추되기 때문이다. 그러나 전문서적인 경우에는 상황이 다르다. 너무 모르는 상황에서는 자칫 뼈저린 절망만을 맞보게 되기 때문이다.

대학에서 누가 골프를 배우고 싶어 교양골프를 신청했는데, 막상 수업에 가보니 자기만 골프채를 처음 잡아보는 것 같다는 얘기를 들은 일이 있다. 결국 그 학생은 C학점을 맞은 것으로 기억한다.

전문서적도 마찬가지다. 배경지식이 너무 없으면 반드시 힘들게 된다. 그러므로 처음부터 한복판으로 쑥 들어가기 보다는, 자신이 알고 있는 영역을 넓혀가면서 점진적으로 접근해 가는 것이 중요하다. 시작부터 너무 무리하게 도전하는 것은, 거부감과 자괴감만을 유발하기 때문에 결코 좋은 공부법이 될 수 없다.

책을 읽다보면 전문서적이라도 매우 재미있을 때가 있다. 그런데 유심히 분석해보면, 이런 경우는 내가 아는 지식이 읽고 있는 책의 70% 정도가 되는 때라는 것을 알게 된다. 즉 70%의 법칙인 것이다.

그럼 80%가 되면 더 재미있는 것 아니냐고 할지 모르지만, 이런 경우에는 오히려 흥미가 떨어진다. 너무 아는 내용이 많아서 시시해지는 것이다. 또 내 경험에 의하면 배경지식이 30% 미만으로 떨어지면, 책이 너무 어렵게 느껴진다. 즉 봐도 잘 안 들어오는 것이다. 그러므로 40~70%를 맞추는 것이 학습효과에 있어서 한 요령이 된다. 이렇게 되면, 가장 흥미롭고 즐겁게 공부할 수 있는 조건이 갖춰지기 때문이다.

배경지식을 40~70%를 맞추는 방법은, 이미 아는 것에서 출발해서 점차 새로운 방면으로 외연을 넓혀 나가는 방법이다. 쉬운 예로 땅따먹기를 한다고 생각하면 된다. 이렇게 적정수준을 맞추다보면, 공부는 훨씬 쉽고 효율적으로 발전할 수 있다.

◇ ◆ ◇

잘 모르겠으면 일단 반복하며 익숙해져라

공부를 하다보면, 독일의 폴란드 침공처럼 이웃국가로 영토를 넓혀가는 것과는 다른 상황에 직면하기도 한다. 콜럼버스의 신대륙발견과 같이, 전혀 동떨어진 영역에 혈혈단신으로 들어가야 할 경우도 발생하는 것이다.

이와 같은 상황에서 가장 중요한 것은 익숙해지는 것이다. 즉 이해가 아닌 익숙함이다. 익숙함이란 아는 것을 의미하는 것이 아니다. 우리가 흔히 지나다니는 동선에 나열해 있는 가게들은 익숙함이다. 익숙하다고 해서 반드시 단골이 되는 것은 아니다. 실제로 동네에 오래 살다보면, 어디에 무슨 가게가 있는지 알아도 한 번도 안 가는 경우도 있지 않은가!

　익숙함이 중요한 것은 두려움을 없애고 편안함을 주기 때문이다. 전문서적의 고압적인 자세와, 잘 모르는 망망대해 속에서 유효한 지식을 알아간다는 것은 쉬운 일이 아니다. 그러므로 일단은 익숙해지고 이를 바탕으로 진전이 있도록 유도해야만 한다. 공부는 다른 일과 달라서 흥미가 떨어지고 재미없다는 생각이 지배하게 되면, 거부감이 커지면서 더 큰 어려움에 봉착하게 된다. 즉 도미노와 같은 연속적인 붕괴에 직면하는 것이다. 그러므로 여기에는 자신을 유도해가는 섬세한 기술이 필요하게 된다.

　익숙함에서 가장 중요한 법칙은 매일 반복하는 것이다. 집 주위의 동네지리를 익히게 되는 것도, 결국은 이와 같은 방법에 의한 것일 뿐이다. 여기에서는 분량이 중요한 것이 아니라, 자주 접하는 것이 핵심이 된다.

　또 꼭 보고 노력하지 않더라도, 눈에 띄는 곳에 책을 놓는 것도 중요하다. 즉 친숙함을 확보하는 것이다. 이렇게 거부감이 사라지고 익숙해지면, 이미 절반은 성취된 것이나 마찬가지이다. 마치 인간관계에서 반복되는 눈도장이 중요한 것처럼 말이다. 또 부단한 눈도장 역시 관심의 결과라는 점을 우리는 이해할 필요가 있다.

모방을 통한 거듭나기

◇◆◇
모방을 통한 발돋움과 창조로의 귀결

대학교육의 목적은, 기본적인 이해를 증진하는 것과 유용한 자료를 얼마나 잘 찾아오느냐에 대한 판단이다. 그렇기 때문에 적절한 자료를 찾은 것이라면, 잘 정리해서 베껴오는 것도 큰 문제가 되지 않는다. 왜냐하면 좋은 자료를 베끼고 정리하는 과정에서, 처음에는 실력이 도야되기 때문이다.

　　석사과정이 되면, 좋은 자료를 잘 짜깁기해서 얼마나 효율적으로 재가공할 수 있느냐가 판단기준이 된다. 그리고 박사과정이 되어서야, 비로소 개인의 판단과 관점을 요구받게 된다. 즉 박사이전 단계에서는, 개인의 관점이 이렇다할게 없어도 큰 문제가 아니라는 말이다. 이와 같은 측면이 존재하기 때문에, 전문적인 학술논문에서는 부득이한 경우를 제외하고 석사논문은 인용하지 않는 것을 원칙으로 한다.

　　흔히 공부는, 자신의 관점을 효율적으로 표현하는 것이라고 생각하기 쉽다. 그러나 이는 최종단계에 제한되는 요구일 뿐이다.

　　조선시대에 왕실화원으로 발탁되는 인물들은, 어렸을 때부터 두각을 나타내는 재야의 실력자인 경우가 일반적이다. 그런데 이들이 처음 화원이 된 뒤에 배우는 것은, 하루에 2천 번씩 붓으로 작대기를 긋는 일이다. 이런 훈련은 몇 달이고 계속된다. 그래서 나중에는 자를 댄 것처럼 일정하고 반듯하게 그릴 수 있게 되면, 그때에야 비로소 그림의 보조 역할이 주어진다. 이미 재야에서 그림의 최고수였던 이들이, 다시금 작대기를 긋는 것에서부터 시작하는 것이다. 이런 기초를 바탕으로 임금의 어진을 그리는 어진화사로까지 발전하게 된다.

서예도 마찬가지다. 추사는 처음부터 자신의 필체를 만든 것이 아니라, 구양순·안진경·왕희지체와 같은 다양한 체본體本들을 학습하는 것에서 시작한다. 추사가 스스로 '벼루 10개에 구멍을 내고 1,000자루의 붓을 닳아 없어지게 했다'고 말한 것은, 이와 같은 인고의 노력을 잘 나타내 준다. 또 이러한 인고의 대부분은, 전대의 훌륭한 서법에 대한 모사일 뿐이다. 즉 모사에서 시작되어 모사를 넘어서는 자기 경지를 완성하고 있는 것이다.

붓글씨를 배워보면, 자기필체를 만드는 것이 어렵지 않다는 것을 알 수 있다. 이는 마치 우리 모두가 자기만의 필체를 가지고 있는 것과 큰 차이가 없다. 그러나 이런 자기 필체는, 누구에게도 인정받지 못하는 그저 한 개인의 글씨에 불과할 뿐이다.

추사체가 의미를 가질 수 있는 것은, 철저한 체본에 대한 지난한 모사과정이 있었기 때문이다. 공부도 마찬가지이다. 선학先學에 대한 충분한 검토와 연구가 전제되어야만, 이를 바탕으로 하는 자신의 견해에 타당성이 확립될 수 있다. 그렇기 때문에 선행연구에 대한 검토는 무척 중요하다. 이와 같은 학습과정이 바로 석사 때까지의 주된 교육목적이라고 이해하면 되겠다.

그러므로 유효한 지식을 짜깁기하는 것은 문제 있는 학습법이 아니라, 가장 타당하고 효율적인 학습법에 다름 아니다. 다만 짜깁기하는 것은 더 높은 방식으로의 비약을 위한 학습방식이어야지, 그 안에 갇혀서 자신의 생각과 관점을 잃어버리는 것이어서는 안 된다. 마치 추사가 고금의 서법을 모두 통달하고서, 자신만의 필체로서의 추사체를 완성하는 것처럼 말이다.

◇◆◇
배운 것을 일상에서 활용하라

공부와 삶이 유리되면, 아무래도 공부의 깊이가 축적되기 어렵다. 마치 직장생활을 하는 것처럼, 할 때 하고 쉴 때 쉬는 공부는 진정한 공부가 아니기 때문이다.

올바른 공부란, 밥 먹고 씻는 것처럼 일상적인 것이 가장 좋다. 중국의 선종에서는, 진리란 '항다반사恒茶飯事' 즉 밥 먹고 차 마시는 것처럼 항상 있는 보편성이라는 말을 하곤 했다. 이는 공부와 관련해서도 무척 좋은 관점이라고 하겠다.

작은 부분이라도, 일상에서 자신이 공부한 것을 계속해서 활용할 수 있도록 하는 것이 중요하다. 이렇게 되면 삶과 공부가 유리되지 않으면서 즐길 수 있는 구조가 확보되기 때문이다.

수학을 공부하는 사람이라면 일상에서도 수학의 관점에서 도시의 건축구조물 등을 볼 수 있는 시각이 갖추어져야만 하며, 문학을 공부한다면 문학적인 수식이 남과 다투는 과정에서도 떠올라야만 한다. 그리고 사

진을 공부한 사람이라면 카메라가 없이도 가상의 카메라 시각을 언제나 확보하고 있어야 하며, 음악을 공부한다면 모든 언어와 소리를 음악적으로 재해석해낼 수 있는 정도의 열정을 가져야만 한다. 이렇게 삶과 공부가 함께 가는 구조가 완성되면, 삶 자체가 공부가 되어 생활하는 자체에서 공부가 점차 누적된다.

명나라의 유학자 왕수인은 지행합일知行合一, 즉 아는 것과 실천의 일체화를 주장했다. 이와 같은 공부가 진정한 공부이다. 삶과 유리되지 않는 앎. 그것은 삶 전체가 그대로 공부가 된다는 것을 의미하기 때문이다. 이 얼마나 멋드러진 공부의 낭만이 아닌가!

◇◆◇
미쳐보지 않고는 그 무엇도 될 수 없다

왕수인에 의한 신유학의 한 학파인 양명학에서는, 미쳤다는 의미의 광狂이라는 글자를 성현의 아랫 단계로까지 높이 쳐준다. 그 이유는 광이 되지 않으면, 무엇을 이룬다는 것이 불가능하기 때문이다.

2006년 베스트셀러에 『미쳐야 미친다』는 책이 있었다. 한문으로는 불광불급不狂不及, 즉 '미치지 않고서는 미칠(이룰) 수 없다'로 되어 있는데, 학문하는 사람의 열정 및 현실과 유리되지 않는 삶의 태도가 잘 나타나 있다.

자신이 선택한 가치에 미칠 수 있는 사람은, 그것이 무엇이든 존경받아 마땅하다. 그러나 이렇게 되는 것은 결코 쉬운 일이 아니다. 그렇지만 스스로 줄기지 않는 사람에게, 학문에 대한 피로도가 더 많이 쌓인다는 점 역시 분명하다. 피해서 편인할 수 있다면 피하는 것은 하나의 정당한 방법이 된다. 그러나 피할수록 누적된다면 즐기는 것이 해법일 수밖에 없다. 즉 '피할 수 없다면 즐겨라'라는 공식이 도출되는 것이다. 그리고 그 즐김은 현실 속에서 해결하는 것 이상은 달리 없다.

정리를 통해서 70%의 법칙을 완성하라

◇◆◇
글은 말보다 정직하다

나는 어떤 일에 대한 판단이 모호할 때는, 혼자서 말을 하면서 정리하곤 한다. 물론 이런 행동은 사람이 없을 때만 한다. 그런데 하루는 같이 사는 스님이, 내가 혼잣말하는 것을 들었는가 보다. "누구랑 말하세요?" 순간 뻘쭘해지는 상황이 연출된다. 그러나 분명한 건 말을 하면서 정리하는 것이, 생각으로만 정리하는 것에 비해서 때론 효율적이라는 점이다. 이것은 나의 생각이 타자화되면서 나에 대한 설득이 더 강력해지기 때문이다.

통계에 따르면, 서양인들은 동양인에 비해서 말을 하면서 정리하는 습관을 가진 사람이 월등히 많다. 이것은 분명 논리적인 사고비율과 무관하지 않을 것이다.

말보다 더 강력한 것이, 내가 가진 목적이나 생각을 글로 써서 정리해 보는 것이다. 사실 직접해보게 되면, 생각만 할 때하고 말을 해볼 때, 그리고 글로 써볼 때는 상황이 완전히 다르다는 것을 알게 된다. 후자일수록 논리모순이 객관화되면서 보다 뚜렷해지기 때문이다.

나의 나에 대한 설득 역시 대충 뭉개려고 해서는 안 된다. 진한 사람과의 금전거래일수록, 보다 분명한 것이 덜 피로한 것과 같은 상황이라고 이해하면 되겠다.

◇◆◇
자신을 스스로 납득시켜라

공부를 좋아하는 사람은 없다. 그러나 그것은 반드시 필요한 것이다. 대다수의 사람들은 이것을 알면서도, 하기 싫다는 생각 때문에 결국은 못하게 된다. 그러나 자신을 잘 설득하면, 의외로 손쉽게 하기 싫다는 생각을 무력화시킬 수 있다.

보통 일어나는 시간과는 달리, 1년에 몇 차례는 훨씬 이른 시간에 일어나야 하는 일이 발생하곤 한다. 이런 때는 잠들기 전에 내일 일이 얼마나 중요하고 문제가 생겨서는 안 되는지를 머릿속으로 몇 번이고 되뇌어보라. 그러면 다음날 기적같이도 알람 5분 전에 눈이 떠지는 것을 경험하게 된다.

이런 일은 모든 사람들이 살면서 경험하는 생활의 단편들이다. 이것이 가능한 이유는 무엇일까? 그것은 나 자신을 완전히 설득할 수 있었기 때문이다. 그 결과 내면에서 최고 순위의 우선권이 작동하게 된 것이다. 공부 역시도 이와 같은 설득의 문제일 뿐이다.

◇◆◇
모든 변화는 70%에서 작동한다

1997년 유행한 영화에 〈넘버3〉라는 작품이 있었다. 영화 〈타짜〉가 김윤석을 주목하게 만들었다면, 〈넘버3〉는 송강호의 앞길을 열어준 영화이다.

이 〈넘버3〉의 주인공인 한석규의 대사에 나는 '너를 51% 믿는다' 라는 것이 있다. 그리고 마지막에 한석규는 '51%는 과반을 넘은 것이니, 다 믿는 것'이라는 의미라고 설명해준다. 그런데 과연 51%만으로 전부가 될 수 있을까? 물론 한국재벌은 불과 몇 %의 지분만으로도 거대기업을 완벽하게 장악하고 있다. 그러나 이는 일반적인 경우일 수는 없다.

평범한 사람의 삶에서 일반적인 것 외에 무언가를 바라는 것은 모두 허영일 뿐이다. 신데렐라처럼 요정을 만날 확률이나 흥부처럼 신통한 제비를 만날 확률보다도, 마른하늘에 벼락 맞아 죽을 확률이 더 크다는 점을 우리는 명심할 필요가 있다.

단적으로 말해서 51%만으로는 사고방식이나 삶의 태도를 바꿀 수 없다. 여기에는 선행학습에 따른 지배력이라는 것이 존재하기 때문이다.

인간은 사전지식이 없는 부분에서는 먼저 들은 것을 신뢰하도록 프로그램 되어 있다. 그렇기 때문에 잘못된 지식을 수정하는 것은, 같은 노력이 아닌 훨씬 더 강력한 노력이 수반되어야만 한다. 그래서 나를 바꾸는 데는 70%의 법칙을 이해해야 할 필요가 있다.

다이어트를 위해서 식습관을 바꾸어도, 일정기간 동안 그것을 유지하지 못하면 곧 원상태로 회복되고 만다. 즉 '목표와 관련된 의지'와 '내면의 설득'과 더불어 중요한 것이 바로, 70%를 만들어내는 반복적인 지구력인 것이다. 이렇게까지 되면 공부는 고통이 아닌 또 하나의 유희가 될 뿐이다.

논문을 보지 말고 책을 보라

기초단어 외우기와 개념정리

국어라면 단어를 외울 필요는 없다. 그러나 새로운 공부를 하는 상태라면 새로운 개념어를 외우는 것은 피할 수 없다. 또 그 개념어의 내용 역시 간명하게 정리해둘 필요가 있다.

개념어는 외우는 방법밖에 없는데, 가장 좋은 방법은 손바닥에 적거나 포스트잇 등에 메모해서 붙여놓는 것이다. 그리고 외운다기보다는 친숙하고 익숙해지게 만드는 것이 중요하다. 개념의 내용은 뚜렷하게 외울 수 있으면 좋지만 이것은 쉽지 않다. 그러므로 그와 관련된 이미지를 만들어내는 것이 유용하다. 즉 모국어를 배울 때와 같은 저장방식과 여건을 구축하는 것이다. 이렇게 되면 쉽게 외워지면서도 상대적으로 오래간다.

물론 이미지로 기억하는 것은 국어단어를 우리가 명확하게 설명하지 못하는 것과 같은 문제점을 내포한다. 그러므로 이 역시 관련사전을 통해 깎아가는 노력을 해야만 한다. 즉 처음 사전을 볼 때는 이미지로 기억하는 방식을 사용하고, 그것이 완료된 뒤에는 보다 정밀하게 사전을 통한 개념의 구체화 노력이 필요한 것이다. 이와 같은 작업의 반복은 전부 사전과

관련해서 이루어진다.
　또 이러한 지속적인 사전의 사용은 자투리 시간의 활용이라는 측면에서 접근하면 매우 유용하다. 즉 자투리 시간에 별도의 시간을 들이지 않고도 해결해 낼 수가 있다는 말이다.

◇◆◇
논문보다는 책을 보라

구체적이고 일목요연한 것은 분명하고 좋다. 그러나 이것은 창의력을 앗아간다. 인간이 공부를 통해서 발전하는 것은 다른 지식의 복제가 아닌 그것을 통한 창의력 확보에 있다. 세상의 모든 큰 변화들은 정리요약이 아닌 창의력에 의해서 결정난다고 봐도 과언이 아니다. 즉 정리는 창의력과 연결되지 않으면 아무런 소용이 없는 것이다.
　고등학교까지의 수업이 암기력에 주로 의지한다면, 대학부터는 상황이 바뀌기 시작한다. 그러다가 대학원이 되고 박사과정 이상이 되면, 정리는 의미를 가지지 못하고 창의력이 모든 능력을 판가름하는 척도가 된다. 이런 점에서 나는 사전을 활용하는 것이 중요하다고 말하지만, 논문을 보는 것에는 반대한다.

논문은 어떤 특정한 부분에 관해서, 전문가에 의한 일목요연한 논리구조로 구성되어 있다. 덕분에 그 분야를 처음 접하는 사람은 논문의 작자 시선에 압도되고 만다. 이렇게 되면 이 부분에 있어서는 좀처럼 그 작자를 능가하기 어렵게 된다. 즉 자유로운 사고를 할 기회도 없이 답을 암기하고 있는 것 같은 상황이 연출되는 것이다.

또 이렇게 한 번 사고가 갇히게 되면, 이 눈에 안 보이는 벽을 깨트린다는 것이 생각보다 쉽지 않게 된다. 즉 첫 번째 접하는 지식에 따른 각인효과가 작동하는 것이다. 그러므로 나는 공부하는 사람들에게 논문보다는 자유도가 더 높은 책을 보라고 권한다. 물론 대부분의 사람들은 책보다는 길이 뚜렷하게 드러나 있는 논문을 더 선호한다. 그러나 논문은 어지간히 내공이 있고 비판적인 사유를 할 수 없는 상황이라면, 그 사람의 창의력과 자유로운 사고를 제한하는 악영향을 끼친다는 점에 유념할 필요가 있다. 마치 내비게이션을 통한 길 찾기처럼, 여기에는 손쉬운 대신에 주체적으로 길을 찾지 않게 되는 능력제한의 위험성이 존재하는 것이다.

◇◆◇
경전을 중시하는 동아시아 전통

대만의 모종삼牟宗三은 『중국철학특강』에서, 불교와 관련해 매우 흥미로운 얘기를 한 적이 있다. 그것은 인도인들은 논서를 중심으로 불교공부를 하는 반면, 동아시아인들은 경전을 중심으로 공부한다는 것이다. 이는 인도·

유럽어족과 동아시아인들의 사고방식 차이와 관련된 부분이다.

실제로 인간은 오른손을 주로 사용하기 때문에 좌뇌가 발달해 있다고 말하지만, 동아시아인들은 그럼에도 선천적으로 우뇌가 더 발달해 있다. 이러한 우뇌의 발달로 인해서, 동아시아인들은 촉이나 통밥 또는 눈대중 같은 부분이 발달해 있는 것이다. 이는 오리온에서 초코파이 광고를 전혀 생뚱맞은 '정情'으로 표현하는 것이나, 박카스를 가족과 결부시켜 광고하는 것을 통해서도 인지해 볼 수가 있다.

이와 같은 문화적인 차이 때문에, 동아시아인은 공부에 있어서도 인도나 서구인들과는 달리 논서보다는 경전이 더 좋다. 창의력의 가능성을 열어서 큰 자신을 만들려고 한다면, 조금은 산만한 것 같아도 경전을 중심으로 하는 것이 바람직하다.

그리고 경전을 바탕으로, 사전을 거쳐서 논문으로 표현할 수 있는 역량을 갖출 수 있다면 공부는 끝난 것이다. 일반 공부 역시 불교공부와 크게 다를 게 없다. 창의력을 개발할 수 있는 방식으로 공부하고, 이것을 통해서 모아진 것이 논문으로 완성될 수 있도록 하면 될 뿐이기 때문이다. 즉 논문이 아닌 책을 통한 공부, 그리고 사전을 통해서 개념 확보를 보다 분명하게 하게 되면 공부는 완성되는 것이다.

맛있는 사과 먼저 먹기

직선보다 더 곧은 직선

2009년 베스트셀러였던 『마시멜로 이야기』에는, 참을 줄 아는 사람이 성공한다는 것이 주된 내용으로 적혀 있다. 4살 먹은 아이들에게 마시멜로를 하나 주면서, 15분을 참으면 1개 더 주겠다고 약속한다. 이때 당연히 참는 아이와 못 참는 아이가 발생하게 되는데, 결과적으로 참는 아이는 자기절제와 조절능력이 뛰어나기 때문에 성공할 확률이 높다는 것이다.

　그러나 나는 그렇게 생각하지 않는다. 한 번 극단적으로 생각해보자. 만일 10분 정도 참다가 심장마비로 죽은 아이가 발생할 경우를 가정해 보면, 이 아이는 처음의 마시멜로마저도 손해 보는 일이 발생하게 된다. 그러므로 자기절제 능력을 갖춘 상태에서 먼저 먹는 것이 더 타당하다. 즉 여기에는 단순히 선후의 문제를 넘어서, 그것보다도 더 효율적인 방법을 찾아낼 필요가 있다는 말이다. 이것이 공부를 하는 방법이다.

　공부란 A와 B라는 두 점간의 최단거리를 구하는 것과 같다. 과거에는 두 점 사이의 최단거리는 직선 하나뿐이었다. 그러나 현대에는 직선만 있는 것이 아니다. 웜홀처럼 직선보다 더 곧은 직선도 있고, 또 때에 따라서는 기차보다 비행기가 빠르듯이 곡선이지만 직선보다 더 빠른 곡선도 존재하게 된다. 즉 하나의 문제에 하나의 답만이 존재한다고 생각하는 것은 전근대적이라는 말이다.

자신의 능력을 끌어올려서 창의적인 해법을 찾을 수 있어야 한다. 그리고 그 해법은 자신의 능력에 최적화되어 있어야만 하는 것임은 재론의 여지가 없다. 이런 점에서 『마시멜로 이야기』는 맞는 것인 동시에 틀린 내용이 된다.

◇◆◇
공부는 편식이 더 긍정적이다

음식은 편식하면 안 되지만, 공부는 편식하는 것이야말로 즐겁기 때문에 능력치가 최대화된다. 내가 '나는 평생 공부를 해본 적이 거의 없다'고 말하는 것도, 언제나 하고 싶은 공부만 했기 때문이다.

나는 어린 시절 책을 읽을 때, 먼저 보고 싶은 책을 한 10권 정도 쌓아 놓았다. 그리고 그 중에서 가장 구미에 당기는 책을 읽는다. 이렇게 되면 독서를 통해서 학습되는 효율성이 훨씬 증대된다. 즉 좋은 것 중에서도 더 좋은 것만 보는 것이다. 물론 이렇게 하기 위해서는 책값을 훨씬 더 많이 지불해야만 한다. 아무래도 1권씩 사서 볼 때보다는 계속 우선순위에 밀려서 안 보는 책이 발생하기 때문이다.

그러나 다른 사람과 관련된 사항이라면 몰라도, 나와 관련된 일이라면 돈이 문제가 아니다. 돈이 더 들더라도 효율성을 갖추는 것이 결과적으로는 더 큰 이익이기 때문이다.

공부에도 끼워 팔기가 있다

사람이 보고 싶은 책만 읽고, 하고 싶은 공부만 하면서 살 수는 없다. 그러므로 정부에서 시내버스 회사를 운영하는 방식이 필요하다. 정부에서는 흑자노선을 줄 경우 적자노선을 끼워버린다. 시내버스는 공공의 필요에 의한 것이므로, 이용객이 적다고 운행을 중지할 수 있는 것이 아니다. 그렇다보니 필연적으로 적자노선이 발생하게 마련이다. 이를 정부에서 메워주는 것이 아니라, 흑자노선을 주는 것을 통해서 상쇄시키는 것이다.

독서나 공부 역시 이와 같은 비율배정이 필요하다. 자신에게 맞는 비율만 잘 찾게 되면, 재미없는 공부까지도 훨씬 재미있게 할 수 있는 길이 열리기 때문이다. 또 이렇게 해서 점차 재미없는 영역에 대해서도 친숙해지게 되면, 나중에는 재미없는 것만 해도 덤덤한 가운데 그 안에서 나름의 재미를 찾을 수 있게 된다. 마치 빵을 잘 모르는 사람은 속에 많은 부재료가 든 것을 선호하지만, 빵에 익숙한 사람은 빵 자체의 풍미를 느끼는 것처럼 말이다.

이제 도서관은 필요 없다

◇◆◇
장소는 공부를 장애하지 않는다

내가 어렸을 때만 해도, 집집마다 백과사전이 비치되어 있곤 했었다. 그러나 인터넷이 발달하면서 백과사전은 이제 서가에서 사라졌다. 아니 백과사전뿐만이 아니라 거의 대다수의 사전이 없어졌다. 인터넷을 통한 손 안의 사전이 열린 것이다. 한 뼘 가량이나 되던 두툼한 사전을 보던 추억은, 이제는 과거 속의 한 페이지로 넘어가게 되었다.

조선시대 과거제 하면 누구나 공부해서 시험을 볼 수 있다고 생각하지만, 실제로는 전혀 그렇지 않다. 왜냐하면 당시 책은 무척 고가였으므로, 책이 있는 집은 극히 제한적이었기 때문이다. 즉 과거 기회는 열려 있었지만, 막상 응시할 수 있는 조건을 갖춘 이들은 대대로 부유한 양반집 외에는 없었던 것이다.

인터넷이 발달한 뒤에도, 현재 도서관은 필수적이었다. 그러나 최근 들어서는, 도서관이 없더라도 공부가 가능한 시대가 도래하고 있다. 거의 모든 논문이 인터넷을 통한 서비스가 가능해졌기 때문이다.

또 중국이나 일본의 자료들도, 인터넷을 통해서 얼마든지 취합해 올

수가 있다. 덕분에 강원도 월정사와 같은 두메산골에서도, 논문을 쓰는 일이 얼마든지 가능하게 되었다. 즉 도시와 산골간의 정보에 대한 격차가 사라지고 있는 것이다.

◇◆◇
현대의 신은 구글 속에 존재한다

나는 오늘날 신이 있다면, 그것은 구글이나 네이버라고 말하곤 한다. 그 속을 잘 뒤지면, 우리는 매우 유용한 전문지식들을 거의 모두 찾게 된다. 일반 단행본은 예외지만, 논문은 어지간한 도서관보다도 인터넷이 보다 유용하다. 물론 간혹 인터넷 상에서는 서비스가 안 되는 자료들도 있다. 이런 경우 나는 논문복사 대행업체를 이용한다. 요즘은 급한 경우에는 PDF파일로도 바로 전송해주기도 하니, 말 그대로 손 안에 모든 전문지식이 들어와 있는 시대인 것이다.

그러므로 현대의 공부에 있어서 첫걸음은, 구글과 네이버라는 신을 이해하고 활용하는 데서부터 시작된다. 물론 이것을 어떻게 활용하느냐에 대해서는 다양한 방법들이 있다. 그러나 정답은 한 가지로 귀결된다. 즉 그 속에서 많이 놀아보라는 것이다. 그러다보면 보다 유용하고 효과적인 시간 단축을 이루어낼 수 있게 된다.

현대는 내가 찾고자 하는 가장 유용한 지식을, 최단시간에 접근할 수 있는 것이 중요하다. 그러므로 내 집 마당 산책하듯이 하는 것 외에는 달리 방법이 없다. 또 이것은 어떤 점에서는 미로게임 같기도 하다. 이런 점에서 흥미만 적절히 유발한다면, 문제는 의외로 쉽게 풀리게 된다.

이제 도서관을 가는 것은 촌스러운 시절이 되었다. 또 앞으로 도서

관은 인터넷의 하부구조 속에서, 정보를 제공하는 보충적인 기능 외에는 존재하기 어렵게 될 것이다. 즉 인터넷의 영역 안에서의 도서관이 존재할 것이라는 말이다. 그러므로 인터넷에서 단서를 찾고 취합하며, 역으로 그 단서들을 또 다른 인터넷 정보 속에서 찾는 기능을 숙지하는 것이야말로 공부의 첩경이 된다고 하겠다.

◇◆◇
출전을 파악하라

공부는 유용한 지식을 찾아 개념을 이해하는 것에서 시작된다. 그리고 이와 아울러 그 당위성을 위한 정확한 출전을 파악하는 것이 중요하다.

출전을 찾는 가장 손쉬운 방법은, 인터넷상의 사전들을 활용하는 것이다. 사전은 크게 두 종류로 구분된다. 첫째가 일반적인 개념정리를 해주는 간략한 사전이다. 이런 사전은 전문적인 공부에 있어서는 전혀 도움이 되지 않는다. 둘째는 전문적인 사전으로, 이런 사전의 말미에는 반드시 출전이 표시되어 있다. 이 출전을 역으로 들어가서 확인하는 것이 중요하다. 그것은 나에게 필요한 개념을 보다 분명하게 정립해주는 동시에, 공부의 당위성을 강화해주는 역할을 하기 때문이다.

그런데 문제는 출전이 나와 있는 사전이 한글로 된 것은 별로 없다는 점이다. 결국 일본이나 미국사전을 볼 수밖에 없는 문제에 봉착하게 된다. 즉 외국어에 대한 문제가 대두하는 것이다. 그러나 인터넷 상에서 이루어지는 일이라면, 사전의 구조만 정확하게 이해하고 있으면 외국어를 극복하는 것도 크게 문제될 것은 없다. 외국어 역시 인터넷을 통해서 어느 정도까지는 해소될 수 있기 때문이다.

출전을 확인하는 습관은 공부에 있어서 중요하다. 이는 마치 떠도는 소문의 근원을 파악하는 것과 같아서, 그것의 진가를 판결해 공부의 내실이 축적되도록 해주기 때문이다. 또 출전들을 파악하다보면, 해당 학문의 전체적인 흐름을 이해하는 것도 그리 어렵지 않게 된다.

고급공부는 결국 원 자료를 바탕으로 하는 싸움인 경우가 많다. 이런 점에서도, 출전을 파악하고 외우는 노력은 선택이 아닌 필수가 된다.

논문은 합리성을 가진 거짓이다

◇◆◇
논문은 맞을 것이라는 생각을 버려라

잘 모르는 분들은 논문은 확실하다고 생각한다. 그러나 그 확실이라는 것은 제한된 과학적인 확실성에 불과하다. 즉 현재까지 검토 가능한 사실에 기반된 제한적인 확실성일 뿐이라는 말이다.

과학이 발전의 학문이라는 점에서, 과학적인 논문들이 모두 다 현재의 합리성을 가진 허구라는 점을 이해하는 것은 어렵지 않다. 그러나 이것은 인문학에서도 마찬가지이다. 새로운 발견이 있게 되면 기존의 논문들은 큰 폭으로 요동치게 된다.

우리는 백제 무왕과 신라 진평왕의 셋째 딸인 선화공주의 이야기를 잘 알고 있다. 유명한 마동이에 대한 것이다. 그러나 익산 미륵사지 서탑의 탑지塔誌 발굴을 통해, 무왕의 왕비는 선화공주가 아니라 사택적덕의 딸이었다는 것이 밝혀지면서 일대 파란이 일게 된다.

639년이라는 절대연대를 가지는 금석문의 발견은, 선화공주의 설화가 거짓일 개연성을 제시하기 때문이다. 이로 인해서 이후에 선화공주의 설화가 거짓이라는 것에서부터, 선화공주가 죽고 나서 사택적덕의 딸이 왕비가 되었다는 주장과 같은 다양한 이론들이 제기되기에 이른다. 그러나 진실이 무엇인지는 그 누구도 정확하게 알 수 없다.

흔히 사학과 관련해서는 농담 삼아, '더 이상 파도 나올 것이 없는 것을 논문으로 쓰라'는 말을 하곤 한다. 더 이상의 자료가 발굴될 가능성이 없다는 것은, 곧 논문의 절대성이 흔들릴 여지가 없다는 것을 의미하기 때문이다. 즉 논문은 정직할 수는 있어도, 그것이 사실인지는 정확할 수 없다는 말이다.

논문은 남은 자료를 가지고 가장 타당한 선택을 하는 작업이다. 그렇다보니 남은 자료가 특정 집단만을 대변하는 것이거나 객관적이 아닐 경우에는, 현실과는 전혀 다른 방향을 가리킬 수밖에 없는 한계성을 내포한다. 이런 점에서 나는, 논문을 '합리적인 구라'라고 정의한다. 최대한의 자료를 바탕으로 합리적인 결과를 도출하는 것이 논문일 뿐, 그 진실성은 알 수가 없기 때문이다. 이런 점에서 본다면, 논문은 합리성을 가장한 가장 위험한 거짓이라고 하겠다.

◇◆◇
논문 역시 읽는 사람에 대한 설득이다

논문을 구성하는 것은, 모든 관련 자료의 검토를 통한 합리성의 제시이다. 그리고 이것을 주장하는 것은 작자의 치밀한 설득구조이다. 즉 논문 역시 작자의 계산에 따른 독자의 설득이라는 말이다. 다만 논문이 일반 글과 다른 점은, 그 설득구조가 합리성에 의해서 움직이고 전개된다는 것이다.

그러나 앞서도 언급한 것처럼, 그것이 합리적일 수는 있어도 사실인지를 알 수는 없다. 이는 이미 지나간 과거를 다루고 있는 모든 학문에서는 예외가 존재하지 않는다. 이런 점에서 논문에는 자료의 활용과 더불어, 설득의 글쓰기라는 측면이 필연적으로 요청될 수밖에 없게 된다.

    통신과 스마트폰의 발달은 글의 논리적 구성에는 부정적으로 작용한다. 이는 논리적인 글보다는 감각적이고 압축적인 글이 위력을 발휘하는 세상이 되었기 때문이다. 그러나 공부와 관련해서는, 아직까지도 논리적인 글이 압도적인 위력을 발휘하고 있다. 이런 점에서 석·박사 또는 그 이상의 과정에서는, 글쓰기를 통한 의견 피력과 상대에 대한 설득 확보는 필연적이라고 하겠다.

◇◆◇
어떤 방향이든 주제를 수립하라

글쓰기에서 구상을 확립하고, 하나의 주제와 관련해서 일관된 논리를 전개하는 것은 매우 중요하다. 또 글 속에서 일관된 주제를 전개하는 것 역시 상당한 노력이 요구되는 일이다.

    조선시대 화원들은, 임금의 어진御眞(초상화)이 낡으면 똑같이 베껴 그려야만 했다. 이때 임금 어진의 수염 숫자까지 세었다고 한다.

    어진을 베끼는 것 중 가장 어려운 것은 수염이다. 가느다랗고 긴 수염을, 한 번의 붓질로 표현해낸다는 것은 보통 필력으로는 불가능한 일이기 때문이다. 글쓰기도 이와 마찬가지다. 그래서 하나의 주제를 탄탄한 논리구조로 밀고 나가는 것은, 어지간한 내공이 없으면 쉽지가 않다. 그러나 이러한 내공을 증진하는 방법은, 반복된 훈련 외에는 딱히 방법이 없다.

    또 글쓰기가 필요한 이유 중 하나는, 글은 생각의 표현인 동시에 글쓰기를 통해서 역으로 생각이 정리되는 측면도 존재하기 때문이다. 즉 글을 쓰다보면 생각으로 떠돌던 구조가, 보다 분명하게 드러나면서 명료해지는 것이다. 그러므로 여러 생각들로 인하여 머리가 혼탁하다면, 글쓰기를 하는 것이 큰 도움이 된다. 즉 생각하고 글로 써보는 것이야말로, 효율적인 공부법에 있어서 매우 중요한 요로要路인 것이다.

매일 같이 글쓰기를 하고 타인에게 보여줘라

공부에서는 글이 가장 중요하다

생각만으로는 될 것 같은 내용도, 막상 말로 해보면 모순이 드러나는 경우가 있다. 또 말로는 문제가 없는 것 같다가도, 글로 정리해보면 또 다른 문제점이 노출되곤 한다. 이런 점에서 글로 써본다는 것은, 자신의 생각을 정리하는 데 있어 반드시 필요하면서도 무척이나 중요하다.

『주역』의 「계사전繫辭傳」에는, "서부진언書不盡言 언부진의言不盡意"라고 하여 '글은 말을 다할 수 없고, 말은 뜻을 모두 전달하지 못한다'라고 하였다. 맞는 말이다. 그러나 공부는 반대로 뜻이 중요한 것이 아니라 말이 중요하며, 말보다는 오히려 글의 표현이 더 큰 무게비중을 가진다. 물론 여기에는, 당연히 말과 글로 할 수 있는 뜻을 만들어 내는 것이 핵심이 된다.

글을 써보면 누구나 느끼듯이, 글이라는 것은 생각과 차이가 있기 때문에 내 생각대로 완전히 써질 수가 없다. 즉 뜻을 완전히 글로 전달할 수 있는 방법은 존재하지 않는 것이다. 여기에 읽는 사람은, 또 내가 쓴 글을 그대로 받아들이지 않는다. 읽는 사람은 읽는 사람의 관점과 시각에 의해서, 상대의 글을 자신의 입장에 따라 받아들일 뿐이다. 이런 점에서 본다면, 글을 잘 정리해서 상대에게 동의를 구하고 설득한다는 것은 매우 어려운 일임을 알 수 있다.

SNS를 활용하라

글에 의한 설득은 무엇을 아는 문제와는 또 다르다. 이런 점에서 SNS를 활용해서 자신의 생각을 대중에게 보이는 행동은, 글쓰기의 신장에 있어서 매우 유용하다. 왜냐하면 이를 통해서, 자신의 생각을 피력하는 글쓰기와 대중의 반응을 동시에 인지해 볼 수가 있기 때문이다.

SNS의 좋은 점은 쌍방향이기 때문에, 내 글에 대한 평가와 관점의 문제점 등을 쉽게 지적받을 수 있다는 것이다. 이런 점에서 SNS는, 일반적인 문서작업을 하는 것과는 완전히 다르다. 또 지하철이나 버스를 타는 등의 자투리 시간을 활용할 수 있다는 점에서도, 매우 긍정적이다.

문장과 글의 구성능력은 많이 써보는 것 외에는 달리 방법이 없다. 그러므로 크게 힘들지 않는 상태에서 대중의 판단을 받아볼 수 있는 기회가 SNS에 존재한다는 것은, 현대를 살아가는 이 시대의 한 축복이라고 하겠다.

같은 책은 두 번 읽지 마라

무의식을 무시하지 마라

어떤 사람들은 어린아이들이 같은 DVD를 외울 정도로 보듯이, 똑같은 책을 몇 번이고 반복해서 읽는다. '왜 그렇게 하느냐'라고 물어보면, '이해가 안 되서'라는 대답이 돌아오곤 한다.

그러면 반복해서 읽으면 이해가 되는 것일까? 사실 이때는 이해가 되는 비율보다도, 익숙해지면서 이해가 되는 것처럼 느껴지는 비율이 더 크다. 특히 무의식은 1번만 보면 정보를 저장한다. 그렇기 때문에 이해가 안 된 상태에서 2번 보면, 이미 본 것이라는 판단하에 정보 자체를 밀어내게 된다. 예컨대 처음 볼 때 100이 입력된다면, 두 번 볼 때는 채 70도 입력되지 않는다는 말이다. 그리고 더 많이 반복하면 비율은 더 떨어지게 된다. 그럼에도 익숙해짐으로 인해서, 이 중 상당 부분을 이해했다고 착각하는 판단오류가 존재한다.

나는 비슷한 책을 여러 가지를 보지, 같은 책을 여러 번 볼 것을 권하지 않는다. 붓다의 전기와 관련된 책을 본다고 가정해 보자. 특정한 한 권을 10번 읽는 것보다, 10종류를 1번씩 보는 것이 들어오는 정보량이 훨씬 많다.

이는 정보의 다양성과 무의식이 받아들이는 양과 관련된다. 물론 현재의식 역시, 새로운 책을 대했을 때 훨씬 더 흥미를 느끼는 것이 사실이다. 어떤 분야의 책읽기든 이렇게 공부하는 것이 훨씬 더 유리하다.

◇◆◇
일부러 외우려고 너무 애쓰지 마라

나는 붓다의 생애와 관련해서 약 100여 종의 책을 읽었다. 그리고 내 스스로도 붓다의 생애를 기록한 『붓다순례』를 찬술하기도 하였다. 그러나 지금도 다른 책이 나오면 그때그때 사서 읽고는 한다.

이러한 과정에서 인명이나 지명 등의 고유명사들은, 그냥 그렇게 다 외워지게 된다. 대략 10종류의 유사한 책을 보게 되면, 반복해서 등장하는 단어를 외우는 것은 그리 특별한 일이 아니기 때문이다.

또 같은 종류의 책을 계속 읽다보면 나중에는 책을 보는 속도가 상당히 빨라진다. 나는 어렸을 때 만화책을 보지 않았다. 그렇다보니 현재까지도 책을 빨리 읽지 못한다.

또 책에 있는 모든 글자를 속으로 읽는 버릇을 가지고 있는데, 덕분에 책을 읽는 속도가 매우 느리다. 내가 책을 읽는 속도는 소리 내어 읽는 속도와 거의 큰 차이가 없다고 보면 된다. 마르쿠스 아우렐리우스는 『명상록』에서, 소리를 내지 않고 책을 읽는 방식이 있는지를 몰랐다고 적고 있다. 그래서 나중에 묵독이 있다는 것을 알고 매우 놀라는 모습을 보인다.

나 역시 눈으로 글을 훑으면서 읽는 방식이 있는 줄을 몰랐다. 덕분에 나에게 있어서 모든 글자들은 언제나 짚어주고 넘어가야 하는 것이었다. 이로 인하여 독서 속도는 보통사람의 1/4 정도의 수준에 지나지 않는다. 나 같은 경우는 이미 습관이 돼서 눈으로 읽는 것이 잘 되지 않지만, 가장 좋은 독서는 눈으로 읽다가 중요한 부분은 짚어서 속으로 소리 내어 읽는 방법이라고 하겠다.

그러나 이런 나도 이미 아는 내용인 경우는 읽는 속도가 빨라진다. 인간은 익숙한 모국어에 한해서는, 글자의 전체를 읽는 것이 아니라 전체적인 단어의 이미지를 보는 방식으로 읽기 때문이다. 이와 관련된 예문으로 널리 알려진 것으로 다음과 같은 것이 있다.

캠릿브지 대학의 연결구과에 따르면, 한 단어 안에서 글자가 어떤 순서로 배되열어 있는가 하것는은 중하요지 않고, 첫째번와 마지막 글자가 올바른 위치에 있것는이 중하요다고 한다. 나머지 글들자은 완전히 엉진창망의 순서로 되어 있지을라도 당신은 아무 문없제이 이것을 읽을 수 있다. 왜하냐면 인간의 두뇌는 모든 글자를 하나 하나 읽것는이 아니라 단어 하나를 전체로 인하식기 때이문다.

즉 아는 내용이 많으면 많을수록 책을 읽는 속도도 빨라지게 되는 것이다. 나는 책을 읽을 때, 책 읽는 속도가 2배 정도 빨라지면 그쪽 지식은 거의 마스터되었다고 판단한다. 즉 같은 종류의 다양한 책을 보게 되면, 특별히 외울 것 없이도 가장 효율적으로 전문가적인 지식을 습득할 수 있게 되는 것이다.

중심 책 만들기와 상호비판을 통한 능력 신장

하나의 중심 책을 만들어라

같은 분야의 책을 10종 읽을 경우에는, 이를 정리할 수 있는 하나의 중심을 잡는 책이 필요하다. 여러 책이 존재한다는 것은 작자에 의한 관점 차이가 발생한다는 의미이다. 그러므로 충돌양상이 발생할 경우 흔들리지 않는 중심이 될 만한 책이 있어야만 하는 것이다. 그렇지 않으면 다양한 지식의 파상적인 적집 속에서, 혼란의 문제가 발생하게 된다. 나무로 치면 중심기둥 역할을 하는 책을 선정하고, 나머지는 이 기둥에서 파생하는 가지와 같은 역할을 한다고 이해하면 되겠다.

중심이 되는 책의 선택은 작자가 얼마나 전문가인가에서 시작해야 한다. 잘못해서 비전문가의 책이 중심이 되면, 선행하는 지식일 경우 옳다는 오류 때문에 생각을 고치기가 쉽지 않기 때문이다.

두 번째 기준은 그 책이 나에게 맞아야 한다는 점이다. 제아무리 전문가의 책이라고 하더라도, 나와 관점이나 서술방식 등이 많지 않으면 이해에 어려움이 있기 때문이다.

세 번째 기준은 보편성이 있어야 한다는 점이다. 만일 그것이 선문가가 쓴 특수한 책이라면, 그것을 중심으로 일반적인 다른 책들을 연결해서 이해하는 데 어려움이 있다. 그러므로 보편적인 책이 가장 좋다. 또 보편적이라는 말은, 그것이 그 분야에서는 가장 일반적인 정설을 모아 놓은 것이라는 의미이기도 하므로 오류의 개연성이 적게 된다.

중심 책은 여러 책들 중에서 대략적으로 선별하고, 읽는 과정에서 확정하면 된다. 그리고 이 책만은 완전히 마스터하겠다는 정신으로 심혈을 기울여 정독해야 한다. 사실 이 중심 책을 확립하고 정독이 끝나게 되면, 다른 같은 종류의 책을 읽는 것은, 바람 부는 날 배를 띄우고 돛을 펼친 것과 다름이 없다. 즉 적은 노력으로도 쉽게 공부가 증장되는 것이다.

한 분야와 관련된 여러 종류의 책을 읽게 되면, 같은 내용과 관련해서도 여러 가지 이설들이 존재한다는 것을 알게 된다. 이 상태에서 내가 주체가 되어 옳고 그름을 판단하려고 하면 문제가 발생한다. 책을 저술한 사람은 최소한 나보다는 그 방면에 지식이 있는 전문가이다. 그러므로 내가 쉽게 그 사람의 모순을 지적해내는 것은 불가능하다. 마치 바둑에서 5급을 두는 사람이 1단의 문제를 파악하기는 어려운 것처럼 말이다.

책은 사람이 아니기 때문에, 기술되는 과정에서 작자의 전체적인 시각이 전부 드러날 수 없다. 이러한 문제를 읽는 사람이 지적해 내는 경우도 있지만, 사실 작자와 대화하게 되면 그것이 실은 문제가 아니었다는 것을 알게 된다. 즉 섣부른 주관에 의한 판단은 금물인 것이다.

◇◆◇
오랑캐는 오랑캐로 제압하라

책을 읽을 때 주의할 점은, 그것이 전문가의 책이라면 함부로 잘못되었다고 판단해서는 안 된다는 것이다. 이는 나의 교만만을 증장해서 공부를 방해하게 된다.

그렇다면 여러 가지 관점들이 충돌하는 부분들을 어떻게 정리해야 할까? 그것은 서로 다른 전문가들의 견해를 상호 충돌시키면서 정리하면 된다. 즉 A와 B가 충돌할 경우, 먼저 A와 B의 논리를 각각 따라가서 이해한다. 그 다음에 A의 논리로 B를 깨트리고, B의 논리로 A를 깨트리면 된다. 그리고 이러한 과정에서 더 정교한 논리가 발견된다면, 그것을 따르면 되는 것이다.

이 과정이 되풀이되면, 나는 A나 B보다 못한 사람이라고 하더라도 결국 A나 B를 능가하는 견처見處를 얻게 된다. 즉 오랑캐로 오랑캐를 물리치는 '이이제이以夷制夷'인 것이다. 그리고 이 방법만 잘 터득하면, 이제는 논문을 작성하는 것도 전혀 어려운 일이 아니게 된다. A의 타당성을 B의 문제점으로 확립하고 B의 타당성을 A의 문제점으로 변증한 뒤, 양자의 견해를 종합 지양하는 새로운 대안을 제시하면 끝나기 때문이다. 이런 점에서 본다면, 이와 같은 공부법은 매우 유용하고도 편리하다고 하겠다.

사전과 친해져라

◇◆◇
사전이야말로 가장 훌륭한 반석이다

100년 동안 제사를 지낸다고 해도, 우리는 제사를 왜 지내야 하는지와 같은 내용을 알 수는 없다. 제사는 단순히 익숙하다고 해서 의미가 파악되는 것은 아니기 때문이다.

그렇다면 말은 어떨까? 모든 언어란 익숙하면 의미파악이 가능하다. 즉 이 세상에는 익숙해져도 배우지 않으면 모르는 것이 있고, 익숙해지면 저절로 알게 되는 것의 두 가지가 존재하는 것이다.

실제로 우리가 국어를 배울 때, 단어의 뜻을 파악하기 위해서 국어사전을 찾는 경우는 거의 없다. 국어란 그냥 우리나라 안에서 살다보니 개념이 터득된 것이기 때문이다. 그러나 한 번 더 생각해보면 그 개념은 막연한 이미지로 익숙해져 있는 것이지, 뚜렷하게 정리된 것은 아니다. 그렇기 때문에 여기에는, 알아들을 수는 있어도 정확하게 설명할 수 없는 문제가 발생하게 된다.

일상적인 언어사용에서, 개념이 뚜렷하게 이해되지 않는 것은 큰 문제가 되지 않는다. 그러나 학문이란 여러 개념들이 논리적으로 적집되는 것이다. 즉 일상 언어와 학문적인 언어 사이에는 엄밀성의 문제에 있어서 차이가 존재한다는 말이다.

책이나 논문을 읽으면서 내용의 핵심을 파악하고, 또 서술을 통해서 논점을 드러낼 때 정확한 단어의 개념을 이해하는 것은 매우 중요하다. 이 부분이 뚜렷하지 못하면, 지반공사를 단단히 다지지 못한 상태에서 고층건물을 세우는 것과 유사한 문제에 봉착하게 된다. 결국 고등학문의 상태로 올라갈수록 흔들리는 상황이 연출되는 것이다.

우리는 모국어의 단어를 내용이 아닌 이미지로 기억한다. 그리고 이미지는 가변성을 내포하고 있다. 그런데 국어사전을 보면, 개념이 보다 뚜렷해지면서 이미지가 구체화된다. 이 작업은 선행한 자료들을 이해하고 내뜻을 서술하는 데 있어서 필연적이다. 의미가 불분명한 단어들이 머릿속에서 정리되지 못한 채 다수가 누적되면, 머리가 뿌옇게 안개 낀 듯한 상태에 처하게 된다. 이는 사전을 많이 보지 않아서 개념정리가 뚜렷하지 않기 때문에 생기는 문제이다.

사전은 인류가 생활 속에서 만들어낸 규정하기 쉽지 않은 다수의 이미지들을, 뚜렷하고 간명하게 정리해서 제시해준다. 그러므로 효율적인 공부에 있어서 사전과 친해지는 것은 기본인 동시에 필연적인 측면이 된다. 그러나 대부분의 사람들은 이 일이 시간만 허비하는 부질없는 행동이라고 생각한다. 그렇지만 현실은 전혀 그렇지 않다. 굳이 『장자』의 말을 빌지 않더라도, 먼 길을 가려는 사람은 그 준비기간 역시 긴 것이다. 그러므로 오래도록 공부하려는 사람이라면, 응당 사전을 보면서 기본개념들을 정리할 수 있는 **측면은 필연적**이라고 하겠다.

사전을 화장실에 비치하라

나에게 불교공부와 관련된 방법을 물어보는 분들이 종종 있다. 내가 이때 가르쳐주는 것 중 하나가 화장실에 불교사전을 비치하라는 것이다. 사전은 일반 책과 다르기 때문에, 앞에서부터 순서대로 읽는 책이 아니다. 또 사전은 우산과 비슷해서, 불필요할 때는 보이다가 막상 필요할 때는 주변에 없는 문제가 있다. 그래서 사전을 보는 방법이 필요한 것이다.

사전은 특성상 읽는 범위가 매우 짧다. TV로 말하면 CF 정도에 해당한다고 할 수가 있겠다. 그러므로 남는 자투리 시간을 이용하는 것이 바람직하다. 나는 그것이 화장실이라고 생각한다.

아무 곳이나 넘기다가 눈에 띄는 단어가 있으며 그냥 읽어본다. 그러다가 그 설명 안에서 다시 걸리는 단어가 있으면, 다음 단어는 그 단어가 되는 것이다. 이렇게 꼬리물기를 하다보면 사전을 보는 것도 나름 흥미롭다.

석굴암의 본존상은 원래는 거대한 화강암 덩어리였을 뿐이다. 그것의 불필요한 부분을 석공이 덜어내자, 균형 잡힌 미감의 단정한 불상이 화강암 속에서 모습을 드러낸 것이다.

단어라는 것도 마찬가지다. 여러 번 보면서 친숙하다고 하더라도, 우리는 그것을 분명하게 정리하고 있는 것이 아니다. 그러므로 사전 마사지를 받을 필요가 있다. 그러면 머릿속의 단어들이 화강암에서 석굴암 불상이 되는 것과 같이 점차 정리된다. 마치 탁한 물이 정수기를 통과해서 깨끗한 물이 되는 것처럼, 사전이라는 여과기를 거치면 우리의 머리 역시 훨씬 뚜렷해지는 것이다.

사전을 통한 단어 정리는 복잡한 문제에 봉착할수록 보다 강력한 힘을 발휘하게 된다. 왜냐하면 개념에 대한 이해가 상대적으로 치밀하고 정밀해져 있기 때문이다.

개론서를 읽고 전체의 좌표를 파악하라

개론서야말로 끝까지 들고 있어야 하는 책

개론서는 전체를 일목요연하게 정리하고 있다는 점에서, 일종의 해당공부 영역과 관련된 지구본과 같은 역할을 한다. 즉 지구본이 지구는 아니지만, 지구를 파악하는 데 있어서 가장 중요한 수단인 것과 같은 것이다. 특히 개론서는 그 분야의 가장 보편적인 지식으로 구성되게 마련이다. 그러므로 전체구조를 오류 없이 이해하는 데 있어서 매우 중요하다.

    흔히 개론서는 새로운 공부를 할 때 가장 먼저 보는 책으로만 치부되기 쉽다. 그러나 개론서야말로 특정 전공을 공부함에 있어서 계속해서 틈틈이 읽어야 할 책이다. 물론 같은 책을 반복해서 읽어서는 효율이 떨어지기 때문에 여러 종류를 읽는 것이 좋다.

    하나의 전공 공부를 하다보면, 너무 깊게 천착해서 전체의 흐름이 깨진 것을 놓치는 경우가 더러 있다. 일종의 '내가 하면 로맨스 남이 하면 불륜'과 같은 상황에 처해지는 것이다. 흔히 공부하는 사람은, '논문주제와 사랑에 빠지면 안 된다'라는 말이 있다. 사랑하면 모든 것이 합리화되는데, 이런 경우 논문이 객관성을 잃어버리기 때문이다. 이렇게 되면 이제는 더 이상은 논문이 아닌 소설이 된다. 그러므로 개론서를 통한 균형 잡기는 때때로 매우 유용하다.

개론서의 내용은 전체적으로 반드시 필요한 내용들로 채워져 있다. 그러므로 가끔씩 환기되는 것이 중요하다. 이미 알고 있던 부분이라도 시간이 경과되면 잊어가는 게 사람이다. 개론서를 지속적으로 읽는 것은, 잊어가는 부분을 환기시키고 단기기억을 장기기억으로 전환하는 역할을 한다. 이런 점에서 개론서를 손에서 놓지 않는 것이야말로, 초학자인 동시에 대가의 기풍이라고 하겠다.

◇◆◇
전체 구조를 이해하는 것이 중요하다

소동파는 대나무 그림을 그릴 때, 먼저 대나무를 치밀하게 관찰해서 마음 속에 대나무가 들어오는 단계가 되어야 한다고 말했다. 이것을 "흉중성죽胸中成竹", 즉 가슴 속에 대나무가 완성되었다고 한다.

정선으로 대표되는, 조선후기의 진경산수화眞景山水畵도 마찬가지다. '진경산수화' 하면, 일견 실경을 보고 직접 그리는 산수화를 생각하기 쉽다. 그러나 진경산수화는 경치를 충분히 봐서 마음에 새기고, 이를 바탕으로 집에 와서 대상을 보지 않고 그림을 완성한다.

또 이 과정에서 필요하다면, 산수의 위치를 바꾸어 그림의 보다 높은 완성도를 추구하기도 한다. 일종의 내면적인 포토샵을 처리한다고 이해하면 되겠다.

관념산수화觀念山水畵가 현실적인 자연을 보지 않고 가공의 산을 그린 것이라면, 진경산수화는 현실과 작가의 내면이 조화된 결과물이라고 하겠다. 이런 점에서 본다면, 진경산수화 역시 관념산수화의 일종일 뿐이라는 주장도 가능하다. 이는 동아시아의 인식주체에 강하게 의존하는 사고방식을 잘 나타내준다는 점에서 주목된다.

진경산수화가 가능하기 위해서, 작가는 먼저 3D의 입체 이미지를 내면에 완성해야만 한다. 그리고 작가의 관점에 의해서 이 3D 이미지는 재가공될 필요가 있다. 이렇게 해서 화폭에 표현되는 것이 바로 진경산수화이다.

공부도 마찬가지이다. 자신이 대상으로 하는 전체구조가 3D로 내면에 존재하는 것이 중요하다. 나침판 하나에 의지해서 망망대해로 떠나는 것은 무모하다. 그러므로 개론서라는 GPS지도에 의지해서 자신의 공부위치를 확인하는 것이 필요하다. 이렇게 되면 공부는 언제나 안정되고 전체 속에서 자신의 위치를 알게 됨으로써, 공부가 전체와 연계된 힘을 확보할 수 있게 된다.

역사는 가장 중요한 배경이 된다

역사와 사상은 결코 유리된 것이 아니다

개론서가 전체 지도라면, 역사는 시간의 지도이다. 그러므로 개론서와 더불어 역사에 대한 이해 역시 반드시 필요하다. 정확하고 분명한 역사에 대한 인식이 없으면, 그 안에서 발생하는 사건들에 대한 올바른 이해가 성립할 수 없게 된다. 또 역사라는 것은 쇠사슬처럼, 개별적인 고리들이 연결되어 함께 연동하도록 되어 있다. 그러므로 부분을 정확하게 이해하기 위해서는 전체적인 흐름을 파악하는 것이 중요하다.

개별적인 측면만 놓고 본다면, 고려의 청자와 조선의 백자는 완전히 다르다. 청자가 비색이라는 화려한 색깔과 상감기법을 이용한 다양한 장식을 통한 아름다움을 완성하고 있다면, 백자의 미감은 그저 텅 빈 듯한 순수의 단순함일 뿐이다.

백자의 미를 가장 잘 표현해 내는 것은, 다름 아닌 거대하고 둥근 초단순 디자인의 완성체 달항아리이다. 이렇게 놓고 본다면, 청자와 백자는 완전히 다른 두 개의 사건이 된다. 그런데 한국사라는 흐름에서 보면, 이러한 양자는 서로 연결된 연속선상의 가치일 뿐이다. 이것은 개별과 연속이라는 역사의 한 흐름을 잘 드러내준다.

왜 한국인의 미감은 화려한 청자에서 단순한 백자로 전환되는 것일까? 이민족의 침입이나 정복과 같은 커다란 민족적인 격변이 있었다면, 미감이나 민족적인 정서가 바뀌는 것은 당연하다.

그러나 고려에서 조선으로의 전환에는 이러한 측면은 존재하지 않는다. 그렇다면 우리는 이러한 변화를 어떻게 이해해야 할까? 이 문제에서 해법으로 제시될 수 있는 것이 바로 사상이다. 즉 고려와 조선 사이에는, 불교에서 신유교(성리학)로의 변화라는 지배이데올로기의 차이가 존재하는 것이다.

사상이 인간의 정신을 계몽하고 관점을 바꾼다는 점에서, 이를 통한 이해는 충분히 타당하다. 역사만으로는 청자에서 백자로의 변천을 설명하기 어렵다. 이런 점에서 본다면, 역사와 사상은 상호 보충관계를 형성한다는 것을 알 수가 있다.

◇◆◇

암기보다는 전체 구조를 이해하는 데 집중하라

역사를 흔히 암기과목의 대표인 양 말하고는 한다. 그것은 우리의 입시제도에서 역사의 배점이 낮고, 또 묻는 방식 역시 특정 부분에 대한 단순한 구조로만 제한되어 있기 때문이다. 그러나 역사는 흐름이며, 이 흐름은 다중의 인과법에 의한 거대한 강과 같은 도도함이다.

이런 점에서 역사는 전후의 사건들이 이해되어야만 하는 과목이지, 몇 가지의 사건과 사실들이 암기되어서는 힘을 발휘할 수 없다. 설악산의 단풍이란, 한 그루의 나무로 말해질 수 있는 것이 아니다. 그것은 장대한 대자연의 가을이 연출해내는 거대한 파노라마이기 때문이다.

역사는 개론서와 더불어, 특정 학문의 분명한 좌표를 설정할 수 있게 해주는 내비게이션과 같은 역할을 한다. 또 이와 같은 분명함은, 이해하는 사람의 머리를 보다 명확하고 효율적으로 만들어준다. 즉 공부의 가장 확고한 전제이자 터전을 만들어주는 것이다.

공부가 어려운 것은 전체적인 판단이 전제되지 않은 상태에서, 부분에 대한 이해에 과도하게 집중하기 때문이다. 한우의 전체 구조를 이해하지 못하는 상황에서, 안창살이나 치마살과 같은 특정 부위만으로 한우에서의 위치를 판단한다는 것은 어려운 일이다. 그러나 전체 한우를 이해하고, 이를 바탕으로 어떻게 한우의 주요부위가 나뉘며 특수한 명칭이 붙게 되는지를 알게 된다면 문제는 전혀 어렵지 않다. 또 이와 같은 관점으로 접근하게 되면, 공부는 단순히 어느 정도 암기되었다가 사라지는 단편성을 넘어서, 점차 누적되는 형태로 변모하게 된다.

현대는 고학력시대이다. 과거에는 대학만 나와도 됐지만, 지금은 대학원이 평균학력이며 앞으로는 박사가 필수가 된다. 즉 현대의 공부는 100미터 경주와 같은 단거리 경기가 아니라 마라톤인 것이다. 이러한 장거리 경주에서 필요한 것은, 올바른 방법에 입각해서 점차 누적될 수 있도록 하는 공부법이다. 즉 불처럼 순간적으로 활활 타오르는 것이 중요한 것이 아니라, 물처럼 조용하게 쌓이면서 결국 거대한 힘을 만들어낼 수 있는 방법이 필요한 것이다. 이런 점에서 단순 기억력보다는 구조를 이해하는 공부법이 중요하다. 그렇기 때문에 역사 및 문화권적인 세계관과 같은 전체적인 배경에 대해서, 우리는 보다 충실할 필요가 있는 것이다.

어떻게든 기회를 만들어서 많은 여행을 하라

◇◆◇
지도를 이해하라

역사 공부를 할 때 내용이 머릿속에 쉽게 들어와서 구체화되지 않는 이유 중 하나는, 지도와 지명에 대한 이해가 부족하기 때문이다. 즉 책에 사건이 어디에서 발생한 것인지가 나오면, 곧장 이에 맞는 머릿속의 지도가 돌아가야 한다. 이렇지 않을 경우에는 공부가 붕 뜨게 되고 만다.

고구려 장수왕의 생김새를 떠올려보자. 장수왕은 분명히 실존한 인물이지만, 장수왕의 얼굴모습을 알 수 있는 자료는 존재하지 않는다. 그러므로 장수왕의 생김새는, 우리 머릿속에서 실루엣 이상의 구체성을 가질 수 없게 된다.

그러나 이소룡이나 마릴린 먼로라면 상황이 달라진다. 우리가 직접 이소룡이나 마릴린 먼로를 만난 것은 아니다. 그러나 영화 등의 매체를 통해서, 이들의 모습을 분명하게 각인하고 있기 때문에 이들을 떠올리는 것은 문제가 발생하지 않는 것이다. 간접정보 역시 기억력과 내용 정리에 도움이 되는 것은 분명하다. 즉 직접적인 정보가 없더라도 간접적인 정보만으로도 어느 정도 이상의 도움을 받을 수가 있는 것이다. 지도와 지명에 입각한 판단도 마찬가지라고 이해하면 되겠다.

지도의 이해는 사건 발생지의 기후환경과 지형적인 특징을 파악할 수 있도록 해준다는 점에서, 사건을 보다 분명하게 이해하는 데 도움이 된다. 즉 지도를 아는 것에는, 사건에 대한 이해를 보다 구체화시켜주는 측면이 존재하는 것이다.

◇◆◇
지명은 역사 이해의 배경이 된다

지명과 관련해서는 반드시 알아두어야 할 필수적인 측면들이 존재한다. 예컨대 우리나라의 지역을 분기하는, 영남·호남·호북·영동·영서와 같은 것들이 그것이다.

영남이란 영嶺의 남쪽이라는 의미인데, 여기에서의 영이란 군사요충지인 조령鳥嶺을 가리킨다. 호남과 호북을 분기하는 호湖는, 백제시대의 수리시설인 김제의 벽골제碧骨堤를 의미한다. 그리고 강원도 지역을 구분할 때 주로 사용하는 영동과 영서의 영은, 대관령을 뜻하는 것이다. 우리가 이렇게 중요한 기점을 중심으로, 국토를 동서남북으로 나누는 것은 중국의 전통을 차용한 방식이다.

예컨대 중국의 호남성과 호북성은 동정호洞庭湖의 남쪽과 북쪽이라는 의미이며, 산동성과 산서성은 태항산맥의 동쪽과 서쪽이라는 뜻이다. 또 하남성과 하북성은 황하의 남쪽과 북쪽이라는 의미이며, 섬서성陝西省은 관중지방 섬현陝縣의 서쪽이라는 의미이다. 중국은 지역의 분기가 곧 우리의 도에 해당하는 명칭을 파생하고 있는데, 우리는 지역분기와 도의 명칭은 완전히 별개로 되어 있다.

우리의 도 명칭에서 경상도는 경주와 상주의 결합 명칭이며, 전라도는 전주와 나주를 그리고 충청도는 충주와 청주를, 마지막으로 강원도는 강릉과 원주를 합한 것이다. 즉 각 도의 대표도시를 결합시킨 것이 도의 명칭인 것이다.

그리고 경기도의 경기京畿란, 군주의 직할지를 의미한다. 그러므로 이런 경우는 다른 도의 명칭과는 다르게 된다. 이렇게 놓고 본다면, 여기에는 중국의 방식을 차용하면서도 우리식의 변화가 존재한다는 것을 알 수가 있다.

이렇게 확인되는 특징적인 지역이나 도시는, 국토의 전체를 이해하는 데 있어서 매우 중요하다. 그러므로 이와 같은 내용들을 사전에 배경지식으로 가지고 있다면, 역사를 이해하는 것은 한결 쉽고 효율적으로 머릿속에 정리될 수 있게 된다. 이런 점에서 본다면 역사에 있어서 지도와 지명을 파악하는 것은, 공부의 구체성과 이해도를 높이는 데 있어서 핵심이 된다고 하겠다.

◇◆◇
가능한 곳이라면 직접 답사하라

중국에는 '강남수향江南水鄕'이라는 말이 있다. 중국 양자강의 남쪽인 강남은, 물의 고향이라는 말이다. 실제로 중국하면 떠오르는 황사와 나무가 없는 삭막한 황토벌판의 이미지는, 강남에 가면 푸른 대지로 완전히 바뀌게 된다. 이렇게 물이 많은 강남에 가보게 되면, 노자가 왜 물을 찬미했는지를 이해할 수 있다. 또 척박한 북방의 공자는, 왜 예禮를 강조해서 적은 것을 나누는 데 보다 신경을 썼는지에 대해서도 판단해 볼 수가 있다. 즉 그 지역에 가서 그들이 처했던 환경을 보게 되면, 그들의 사유방식에 대한 관점이 보다 쉽고 명확하게 들어오는 것이다.

나는 젊은 사람들에게 어떻게든 기회를 만들어서 되도록 많은 여행을 하라고 권하곤 한다. 실제로 내가 제일 좋아하는 말 중에는, '만 권의 책을 읽고 만 리를 여행하라'는 것이 있다. 내 경험에 비추어본다면, 많은 부분에서 여행은 책의 내용을 보다 명확하게 해주는 동시에, 경험을 통해서 보다 오래 기억될 수 있도록 해주기 때문이다.

조선시대 붓다의 생애를 그린 그림에 〈팔상도八相圖〉라고 하는 것이 있다. 이는 붓다의 생애를 총 8가지 주제로 요약해서 표현한 그림이다. 그런데 이 그림을 보면, 출가하기 전 붓다는 중국 태자의 복색을 하고 있는 것이 일반적이다. 또 붓다의 부왕인 정반왕 역시 세종과 같이 익선관翼善冠을 쓴 모습으로 그려지는 경우가 많다.

인도의 왕과 태자가 중국이나 조선의 복색을 하고 있는 것도 우습거니와, 또 왕궁으로 그려진 모습 역시 중국식의 과장된 한옥이라는 점이 재미있다. 조선시대의 불화를 그리는 금어金魚(불모佛母)의 입장에서는, 인도의 문화를 알 길이 없으므로 이와 같은 표현밖에는 할 수가 없었던 것이다. 또 이런 상황에서 이들은 죽을 때까지도, 자신의 그림에 남은 문제점을 이해하지 못했을 것이다.

또 같은 이유에서 경주 분황사의 모전석탑에는 물개 같은 생김새의 사자가 있고, 오대산 상원사에는 고양이 같은 사자가 있으며, 경주 남산탑골에는 천마天馬 같은 사자가 있고, 순천 송광사에는 레밍처럼 생긴 사자가 존재하고 있다. 즉 이것은 직접 보지 못한 이들에 의한 표현의 어쩔 수 없는 한계인 것이다. 이런 점에서 본다면, 백문이 불여일견이라는 말이 쉽게 이해된다.

그러므로 공부함에 있어서, 느낌을 정확하게 이해하고 사색의 강도를 높이는 데는 여행만큼 효과적이며 실질적인 것도 없다. 또 여행에 따른 문화상대주의에 대한 이해는, 인생을 보다 풍부하게 해준다는 점에서도 여행은 공부에 있어서 필수적이라고 할 수가 있다.

생애를 분명하게 이해하라

◇◆◇
생애는 그 사람의 생각을 드러내는 좌표이다

어떤 사람의 관점을 이해하는 데 있어서, 생애만큼 중요한 것이 또 있을까? 말은 거짓으로 꾸며질 수 있지만, 행동이나 행동의 연속인 행동양식은 결코 쉽게 바뀌어질 수 있는 것이 아니다. 이런 점에서 사람의 생애는, 그 사람이 견지하고 있는 관점을 고스란히 나타내게 된다.

현대의 공부 방식에서는, 효율적인 공부를 위해서 생애는 생략하고 지나치는 경우가 많다. 생애에 대한 검토에는, 언뜻 불필요할 것 같은 상당한 시간이 투자된다. 그러나 생애를 바탕으로 그 사람의 관점에 대한 이해가 분명해지면, 그가 말하고자 하는 것을 이해하는 것은 상대적으로 어렵지 않게 된다.

실제로 불교는 오래된 종교이기 때문에, 현대적인 새로운 문제에 봉착했을 때 적당한 해법을 찾기가 쉽지 않다. 이는 모든 오래된 종교와 학문 전통에 공통으로 내재되는 문제이다. 예컨대 인간복제나 SNS상의 문제 및 인터넷 게임과 관련된 사회현상들을 판단할 수 있는 잣대가, 과거의 유산 속에는 존재하지 않기 때문이다.

그러나 붓다의 관점에 대한 정확한 인식이 존재한다면, 이와 같은 현대문제에 대한 붓다의 판단을 미루어 짐작해보는 것은 결코 어렵지 않다. 이는 비단 현대적인 것만은 아니다. 과거의 것이라고 해도 기록상에 문제가 있거나 혼란이 발생해 있는 경우에도, 생애에 대한 분명한 이해는 문제의 가닥을 잡고 해결의 실마리를 제공해줄 수가 있다. 즉 생애에 대한 분명한 인식이 확립되면, 공부는 혼란의 개연성을 줄이고 보다 안정적인 누적구조를 확립할 수 있게 되는 것이다.

◇◆◇
내가 그 사람이 되어 보자

생애가 중요한 이유 중 하나는, 밖에서만 이해하는 것을 넘어서 내가 그 사람이 되어 판단해 볼 수도 있기 때문이다. 즉 그 사람의 입장에서, 왜 그와 같은 사고가 가능한 것인지를 이해할 수가 있다는 말이다.

우리가 석굴암 본존상을 보는 것은 어렵지 않다. 또 이것을 통해서 석굴암 본존상이 어떻게 우리에게 보이는지를 알 수가 있다. 그러나 반대로 석굴암 본존상의 입장과 눈높이에서, 사람들을 보게 되면 과연 어떨까?

어떤 선생님이 나에게 '경주 황룡사가 불탄 뒤 복구되지 않고 있기 때문에 황량하기는 하지만, 그럼에도 황룡사 본존상의 위치에서 황룡사와 주변풍경을 볼 수 있는 점은 좋다'는 말을 한 적이 있다. 무척 흥미로운 발상이 아닐 수 없다. 공부에서도 이와 같은 역지사지의 발상은 중요하다.

내가 이해하려는 대상으로 볼 때와, 주체의 입장에서 판단할 때는 서로 다른 시각이 존재하게 마련이다. 실제로 나는 중요하고 반드시 이해해야 할 개념에 대해서는, '내가 그 사람의 말을 듣는 것 같은 방식'과 '내가 그 사람이 되어서 스스로 설명하는 방식'의 두 가지 관점에서 모두 이해해보려고 노력한다. 그리고 상대의 관점에서의 파악이 쉽지 않으면, 내가 전생에 그 사람이었다는 생각을 반복해서 나와 연구대상간의 거리를 좁혀보려고 한다.

예컨대 내가 율곡을 공부하고 있는데 이해가 쉽지 않다면, 내 입장에서 율곡을 보고 율곡의 입장에서의 판단을 정리해보는 것이다. 그러나 내가 율곡의 입장에서 판단하는 것은 당연히 쉽지가 않다. 이는 나와 율곡 간에 존재하는 차이 때문이다. 이때 이 문제를 해결하는 방법이, 율곡의 생애를 바탕으로 내가 전생에 율곡이었다고 생각해서 일체화시키는 것이다. 이렇게 되면 율곡의 판단과 관점이 상대적으로 쉽게 이해될 수 있게 된다.

마치 연극이나 영화배우가 극중 인물에 대한 보다 면밀한 분석을 통해서, 극중 인물이 빙의된 듯한 연기를 하는 것과 같다고 이해하면 되겠다. 이렇게 되면 나이면서 동시에, 극중 인물이 되는 상태에 직면하게 된다.

실제로 이와 같은 상태에서 장기간에 걸친 촬영을 하게 되면, 배우의 성격 중 일부가 극중 인물의 성격에 동화되는 경우도 발생한다. 이 정도가 되면 그 사람과 관련된 이해 및 공부는 끝난 것이라고 보면 된다. 그러면 그 배우는 훌륭한 연기를 인정받게 되고, 다음 배역 속에서는 또 다른 극중 인물로 재탄생하게 될 것이다. 이와 같은 배우의 변신이 바로 공부법 속에도 그대로 존재하는 것이다. 그렇기 때문에 공부를 잘 하는 사람은, 공부의 대상을 밖에서만 보는 것이 아니라 안에서도 볼 수 있어야 하며, 또 반드시 그래야만 한다.

공부란 내가 모르는 것을 터득하는 것이다. 그러기 위해서는 나를 버리고 대상과 하나되는 노력도 때론 필요하다고 하겠다.

에피소드 #04

논문 쓰는 것이 어렵다고?

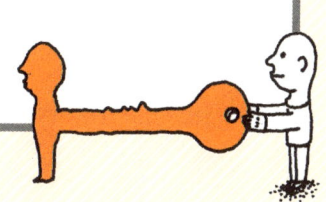

이번에는 다음 책이 나올까?

나는 우리나라 인문학자 중 1년에 가장 많은 학술진흥재단 등재논문을 쓰는 사람이다. 덕분에 논문 쓰는 법에 대한 질문을 많이 받곤 한다. 실제로 나는 이 책이 잘되면, 후속편으로 대학과 대학원 생활에서 학점을 잘 받는 법과, 논문 쓰는 방법을 묶어서 하나의 단행본을 만들려고 기획 중이다. 물론 문제는 이런 시리즈물을 기획한 상황에서는, 단 한 번도 1편이 잘된 적이 없다는 점이다. 그래서 과연 나의 논문 쓰는 법이 책으로 나올 수 있을지는 나 자신도 의문이다.

나처럼 수십 년을 대학생활을 하게 되면, 당연히 학생으로서의 노하우가 만들어지게 마련이다. 여기에 학생과 선생을 겸하는 상황이라면, 어떤 기준이 작용하는지 잘 아는 것은 당연한 이치이다. 그래서 나는 내가 제시하는 방법만 잘 활용하면, 학점이 평균 1~2단계 상승하는 것은 어렵지 않다고 말하곤 한다. 또 앞으로는 평균학력이 대학원이 되면서, 누구나 논문을 써야 하는 문제에 직면하게 된다. 이는 논문 쓰는 법 역시 충분한 출판 가능성이 있다는 것을 의미한다.

논문은 기술과 아이디어의 결합이다

논문을 쓰기 위해서는 관련 자료들을 잘 집취하고 분류하는 기술을 갖추어야 한다. 그러나 보다 중요한 것은 창의력을 통해서 이러한 자료들을 재구성하는 것이다.

특허에는 발명특허와 실용신안특허의 두 종류가 있다. 논문 역시 마찬가지이다. 누구도 찾지 못한 것을 가지고 쓰는 것은 발명특허에 해당한다. 이런 경우 논문은 새로운 사실을 드러내주기만 하면 되기 때문에 쓰는 것이 어렵지 않다. 그러나 문제는 새로운 것을 어떻게 찾느냐는 것이다. 특히 우리나라처럼 나라가 작고 인구가 많은 경우에는, 지금까지 발견되지 않은 새로운 것을 찾는다는 것이 무척이나 어렵다. 그러므로 논문의 주류는 발명특허보다는 실용신안특허 쪽이라고 해야만 한다.

실용신안특허는 이미 알려진 것들을 새로운 관점으로 재가공해서 변형시키는 것을 의미한다. 즉 현상을 보는 새로운 눈, 즉 창의력이 관건인 것이다. 논문도 마찬가지이다.

논문 쓰는 것은 생각보다 쉽다

교수 임용을 준비하는 분들은, 매년 일정 수의 학회논문 편수를 맞추는 것이 보통 일이 아니다. 일반적으로 교수 임용은 최근 3년치 학술진흥재단 등재지 실적을 본다. 즉 미리 너무 많이 써놓아도 무의미한 것이다. 이렇다 보니 논문에 대한 스트레스가 장난이 아니다. 이런 분들 입장에서 논문 팩토리를 돌리고 있는 나 같은 사람을 보면 더 짜증이 나게 된다. 그래서 나는 이런 분들 앞에서는 가급적 논문 얘기는 잘 하지 않는다.

그런데 하루는 어떤 분이 나에게, 직설적으로 논문 아이디어를 좀

달라는 주문을 해왔다. 사실 내 노트북에는 일주일 정도만 작업하면 학회 논문을 완성할 수 있는 자료들이 80여 편이나 누적되어 있고, 이 편수는 현재도 계속해서 늘어나는 추세이다. 그렇기 때문에 내 노트북 밑바닥에는, '어떤 경로로 노트북을 습득했어도 동일한 최신의 신모델로 구입해 줄 테니 돌려만 달라'는 간곡한 하소연의 메시지가 적혀 있다. 그만큼 내 노트북은 나에게는 자료의 보고인 셈이다.

또 나는 모든 자료는 공유되어야 한다고 생각하는 사람이다. 특정 자료를 무기로 삼는 사람을 가장 딱한 학자로 보는 것이 나의 시각이다. 이런 점에서 나는 간절한 공부에 대한 도움 요청에는 시간이 허락되는 한 언제나 긍정적이다.

그러나 문제는 다른 데 있다. 내 식으로 정리된 자료는 푹 파서 퍼줘도 상대가 논문으로 구성할 수 없다는 점이다. 그래서 5분 남짓 상대에게 맞는 비교논문의 구성방법에 대한 체계를 잡아줬다. 그랬더니 당장 충분히 할 수 있겠다는 대답이 돌아왔다. 나로서도 실로 뿌듯한 순간이 아닐 수 없다.

논문 중에 가장 쓰기 쉬운 것은 비교논문이다. 예를 들자면 역사의 라이벌을 한 팀 고른다. 이방원과 정도전, 또는 정몽주와 정도전과 같은 사람이라면 충분하다. 이들은 동시대의 비슷한 문제의식을 공유하고 있었음에도 불구하고, 마지막에 이르러서는 각각의 길을 걸을 수밖에 없었던 나름의 위치와 관점 차이가 존재한다. 이들에 대한 단독 연구는 이미 충분히 진행되어 있다. 그러므로 이를 토대로 이들의 특수한 상황을 부각해 내기만 하면 논문은 완성된다. 물론 여기에는 이들의 특수한 상황을 이해할 수 있는 인식 부분이 필요한데, 이것마저 없다면 이 사람은 전공자가 아니다.

즉 논문은 아이디어와 창의적인 시각만 있으면 생각보다 쉬운 것이다.

이외에도 다양한 논문 제조기술들이 있다. 마치 칵테일이 조합방법에 따라서 수백 가지가 되는 것처럼, 논문의 제조기술 역시 다양하다. 그러나 이에 대한 구체적인 측면들은 분량 상 다음 편의 책에서 다룰 수밖에 없다.

박사과정에서 학회논문 쓰기

나는 박사과정 수업과제를 만들 때, 아예 이것을 학회논문으로 작성하고는 한다. 이렇게 하면 성적도 잘 나오고 실적도 늘어나기 때문이다. 실제로 수업과제로 만들어서, 이후 학회에 발표한 논문만도 수십 편에 이른다. 사실 발표과제물을 만드는 것과 학회논문을 만드는 것에 투자되는 시간에는 큰 차이가 없다. 다만 기술과 창의력이 문제가 되는 것이다.

나는 운전면허가 없다. 덕분에 장시간 버스를 타고서 이동해야 할 일이 많이 발생한다. 이때 생각을 하는 것이 논문에 많은 도움이 된다. 명상이란 홀로 있음에서 시작된다. 또 하나의 주제와 관련해서 골똘히 생각하는 것, 이것이 명상이 아니고 무엇인가? 이렇게 하다보면, 그 다음 단계로 다른 사람과는 다른 새로운 견해를 구상해 내는 것은 어렵지 않게 된다.

논문쓰기란 인터넷으로 쇼핑을 하는 것과 유사하다. 인터넷 쇼핑은 눈앞에 물건이 있는 것이 아니다. 그렇기 때문에 판매자가 올린 제한적인 정보와 사진을 통해서, 내가 필요로 하는 물건인가를 정확하게 판단할 수 있어야만 한다. 논문도 마찬가지이다. 그것은 이미 지나가버린 과거의 조각들을 재구성해서 하나의 퍼즐을 완성하는 것이다. 이것은 인터넷 판매자가 주는 제한적인 정보와 같다. 그것을 통해서 전체를 맞춰내는 것은 창의력에 입각해 내가 해야 하는, 전적인 나의 몫이다.

또 이것도 많이 해보면 익숙해지게 마련이다. 마치 인터넷 쇼핑을 많이 해본 사람은, 잘못 사서 후회하거나 반품하는 위험률이 낮은 것처럼 말이다. 그러나 거기에는 제한된 정보만으로 물건을 재구성해볼 수 있는 능력과 필요한 물건을 찾아내는 탐색능력이 필요하다. 이 부분은 명상이나 사색보다 좋은 방법은 없다. 결국 논문은 또 다른 방식에 입각한, 나의 나에 대한 내면의 투쟁인 것이다.

에필로그

이 멋들어진 우리의 인생을 위하여

가진 게 없다면 근성이라도 챙기자

나는 초등학교 2학년 때 '가'를 맞은 적이 있다. 그 과목은 바로 음악이다. 초등학교 저학년에 '가'를 맞는다는 것은 예나 지금이나 매우 어려운 일이다. 모르긴 몰라도 '가'의 비율이 '수'를 맞는 비율보다 훨씬 적지 않은가 싶다.

나는 내가 생각해 봐도 음악이나 미술적인 능력이 부족하다. 덕분에 '공부를 못하면 예체능이라도 잘 하는데, 너는 예체능도 못 한다'는 말을 듣고는 했다. 그런데 나는 의외로 포기를 잘 모르는 근성이 있다. 그래서 후에 미술에 대한 공부를 하게 된다. 실제로 나는 미술사로 박사학위를 가지고 있으며, 회화이론을 강의한 적도 있다. 또 화론 및 회화와 관련해서도 많은 논문을 쓰게 된다. 이렇게 나의 미술에 대한 소심한 복수는 성공한 것이다.

그런데 음악은 의외로 쉽지 않았다. 사실 음악에서 '가'를 맞은 기억이 3대가 A형인 A형 성골 출신인 나로서는 더욱 중요한데도 말이다. 그래서 몇 년 전 나는 한국음악과에 강사를 하려고 시도한 적이 있었다. 이런 학과에는 특성상 동양의 음악이론에 대한 수업이 있기 때문이다. 결국 강의까지 받아 놓은 상태에서, 동국대에 강의교수로 가게 되는 바람에 물거품이 되었지만, 이 일은 지금까지도 아쉬움으로 남아 있다. 잠자는 숲속의 공주의 저주보다도 더 깊은 '가'의 저주를 풀 수 있는 절호의 기회였는데 말이다.

인생은 길고 포기란 없다. 최선의 길은 직선이다. 그러나 때론 직선보다 더 빠른 길이 돌아가는 길이 될 때도 있는 것이다. 이것을 아는 것이 중요하다. 그렇게 걷다보면 목적지는 어느덧 눈앞에 다가오게 된다. 즉 인생이라는 도도한 강줄기에는 포기가 아닌 보류만이 있는 것이다.

이미 가진 것만으로도 충분하다

인간의 기본적인 능력은 타고난다. 그러므로 노력을 통해서 역전시킨다는 것은 좀처럼 어려운 일이 아닐 수 없다. 그러나 가진 것의 효율성을 높이는 것만으로도, 충분한 가능성은 존재한다.

자연의 상태에서 하천은 우기 때는 물이 넘쳐나다가 갈수기가 되면 말라버리곤 한다. 이런 편차의 문제를 해결하는 것이 바로 인공적인 댐이다. 댐을 만들면 허투루 새나가는 물을 막고 일정한 수량을 유지할 수 있게 된다. 공부에서도 가장 중요한 것은 허투루 새나가는 에너지를 막고 편차를 일정하게 유지하는 것이다.

또 인간에게는 시각·청각·후각·미각·촉각의 다섯 가지 감각이 있다. 이는 댐에 5개의 수문이 있는 것과 같다. 중식요리를 하는 이연복 주방장이 자신은 냄새를 맡지 못한다고 한 것을 본 적이 있다. 요리사가 후각이 없다? 그것은 대단히 불리한 상황에 처해 있다는 것을 의미한다. 후각이 없는 상태에서 인간은, 사과와 양파를 잘 구분하지 못할 정도이기 때문이다. 그래서 우리는 쓴 한약을 먹거나 할 때 코를 막고 먹는 것이 아닌가! 그런데 이연복 주방장은 다시금, 자신은 점심장사가 끝나기 이전에는 절대 밥을 먹지 않는다고 하는 것이 아닌가. 그 이유는 포만감 속에서는 미각을 최고로 끌어내기가 어렵기 때문이란다. 즉 그는 주어진 조건 속에서, 선택과 집중을 통해 문제를 극복하고 있는 것이다.

댐의 5개 수문 중 하나가 막히면 나머지 4개의 수량이 많아지게 된다. 또 만일 5개의 수문을 필요에 따라서 인위적으로 조정할 수 있다면, 그 사람은 이미 최고인 것이다. 이런 점에서 우리는 가진 것이 적다고 하기 전에, 가진 것을 최대한 활용하는 방안을 강구해야만 한다.

UN의 발표에 따르면, 우리나라는 대표적인 물 부족 국가이다. '물 쓰듯이 쓴다'는 표현이 있는 나라가 우리나라라는 점을 감안하면, 실로 격세지감이 드는 발표가 아닐 수 없다. 그러나 한 해 동안 내리는 강우량을 잘 저수하고, 물의 효율적인 활용을 통한 회전율을 높이게 되면 우리는 풍족한 전통을 계속 유지할 수 있을 것이다. 공부에 있어서도 바로 이 점이 관건이다. 그러므로 나의 능력부족을 탓하기 전에, 과연 나는 내가 할 수 있는 일을 다 했는가를 한 번 생각해볼 일이다.

행복이라는 마침표

우리는 과연 무엇을 위해서, 무엇을 행복이라고 느끼면서 살 것인가? 그리고 공부라는 수단은 과연 우리를 행복으로 인도할 수 있는 것일까? 이것은 공부와 관련된 가장 근본적인 물음이다. 그러나 이 부분이 빠진다면, 그것은 공부에 종속되는 기능적인 인간으로 전락한다는 것을 의미할 뿐이다.

공부는 영원한 수단이다. 그리고 그 목적은 바로 우리 자신의 행복에 있다. 때론 나는 것이 행복하지 않은 새도 있다. 그래서 그들은 날기를 포기했다. 그 결과 그 새는 닭이 된다. 우리는 닭을 비웃을지 모른다. 그러나 그곳에는 단순한 비웃음의 문제만 있는 것은 아니다. 왜냐하면 그것은 닭이 선택한 행복의 결과이기 때문이다. 이런 점에서 본다면, 매도 옳고 닭도 옳다. 그러나 우리는 먼저 매에게 집중해보자. 처음부터 닭이 되는 것은, 아무래도 멋이 무너지는 것이니까! 즉 매가 더 옳기 때문이 아니라 매가 더 멋있기 때문이며, 이것만으로 이유는 이미 충분하고도 남는다.

ⓒ 자현 2015

2015년 12월 15일 초판 1쇄 발행
2023년 6월 9일 초판 5쇄 발행

지은이 자현 • 그림 소복이
발행인 박상근(至弘) • 편집인 류지호 • 상무이사 김상기 • 편집이사 양동민
편집 김재호, 양민호, 김소영, 최호승, 하다해 • 디자인 쿠담디자인
제작 김명환 • 마케팅 김대현, 이선호 • 관리 윤정안
콘텐츠국 유권준, 정승채
펴낸 곳 불광출판사 (03169) 서울시 종로구 사직로10길 17 인왕빌딩 301호
　　　 대표전화 02) 420-3200 편집부 02) 420-3300 팩시밀리 02) 420-3400
　　　 출판등록 제300-2009-130호(1979. 10. 10.)

ISBN 978-89-7479-291-6 (13190)

값 16,000원

잘못된 책은 구입하신 서점에서 바꾸어 드립니다.
독자의 의견을 기다립니다. www.bulkwang.co.kr
불광출판사는 (주)불광미디어의 단행본 브랜드입니다.